상가
투자학개론

점포개발전문가가 들려주는

상가
투자학개론

최재형 · 김민성 지음

좋은땅

주변에서 상가분양을 받아서 임대를 했는데,

'월 300만원을 받고 있어.'

'월 400만원을 받고 있어.'

이러한 이야기를 들으면 대부분 '나도 상가투자를 하고 싶다'라는 생각을 하게 될 것이다.

하지만 상가투자는 절대로 쉽게 생각해서는 안 된다.

아파트는 정해진 시세가 있어 일단 투자하면 쪽박 찰 가능성은 거의 없다. 하지만 상가는 정해진 가격도 없고, 시세가 있더라도 편차가 상당히 크다. 한마디로 잘못 투자했다가는 쪽박 찰 가능성이 크다.

이 책에서 필자가 가장 전달하고 싶은 메세지는 '확신이 없으면 절대 상가투자를 해서는 안 된다.'는 점이다.

만약, 지인이 '지금 치킨집 임대 주고 있는 상가매물이 나온 게 있는데, 월세가 300만원씩 들어오고 있어서 안정적이다.'라고 한다면, 투자 대비 수익률 따져보고 바로 매매계약을 체결하는 투자자도 많이 있을 것이다.

그러나 과연 투자자 중에서 자기 확신을 가지고 투자하는 사람의 비중은 얼마나 될까? 물론, 기존 치킨집이 매출이 높아 계약 갱신 때마다 월세 5%씩 꼬박꼬박 올려 주면서 장기간 임차를 해 주면 이보다 더 좋은 연금은 없을 것이다. 그런데, 이와 반대로 인근에 경쟁점이 오픈하게 되고, 매출 및 영업이익이 급감하여 계약종료 시점에 해지를 하겠다고 하는 최악의 상황이 발생했을 경우에 투자자는 어떻게 대처할 수 있을까?

이 책에서는 이러한 최악의 상황이 발생하더라도 대처할 수 있도록 상가의 기본개념부터 각종 사례를 통하여 스스로 상가 임대를 디자인할 수 있는 스킬을 전수하고자 한다.

또한, 유통, 통신, 외식 업종 등의 분야에서 10년 이상 점포개발을 하면서 많은 시행착오를 겪어 봤기 때문에, 투자자들이 사전에 이러한 시행착오를 겪지 않도록 하기 위한 지침서 역할을 했으면 한다.

모쪼록 이 책을 통하여 상가가 공실이 되어 대출이자에 허덕이는 임대인이 아니라, 안 좋은 상황이 발생하더라도 플랜 B, 플랜 C를 실행하여 스스로 위기를 극복할 수 있는 임대인이 되었으면 한다.

목차

들어가며   4

 수익형 부동산 종류와 투자포인트를 알고 가자

1 단지 내 상가   16

2 근린상가   18

3 복합상가   20

4 테마상가   23

5 오피스, 숙박형 부동산   26

6 상가주택   31

Step 2 상권을 알아야
실패를 줄일 수 있다

1 상권의 종류는? 34

2 체크리스트를 통해 상권을 정확히 파헤치자 45

3 상가 투자 시 상가 앞 인도와 도로의 폭은 유동인구보다
더 중요한 요소일 수 있다 52

4 출근길 동선보다는 퇴근길 동선 파악에 집중해라 55

5 상가도 상대방의 눈에 비쳐지는 첫인상이 중요하다 58

 Step 3 투자지역의 용도지역을 알고
가야 성공투자의 밑거름이 된다

1 내가 관심을 가지고 있는 상가가 있는 상권의 용도지역은? 64

2 용적률, 건폐율을 알아야 건물의 가치를 올릴 수 있다 66

3 내 상가에 이 업종이 안 된다고? 70

4
Step

상가 수익률의
진실을 알고 가자

1 상가수익률을 구할 때는 상가구입 시 발생하는
비용도 반영해라   78
2 상가매매, 분양광고를 보면 '대출 시 수익률'은
왜 쓰는 걸까?   83

5
Step

상가 취득부터
매매까지 부과되는 세금은?

1 상가를 취득할 때 납부하는 세금   88
2 상가를 보유 중일 때 납부하는 세금   92
3 상가를 매매할 때 납부하는 세금   105
4 상가 매입 후 세무서에서 자금출처에 대해 연락이 온다?   109

신축상가의
모든 것

1 시행사, 시공사, 신탁사, 분양대행사가 뭘까?　　　　114

2 상가 분양가격 산정 방법은?　　　　118

3 신축 분양광고에서 흔히 보는 '선임대 확정'은
무조건 좋은 것일까?　　　　125

4 신축상가 홍보물에 써 있는
'마스터 리스(master lease)'는 무엇일까?　　　　130

5 분양대행사 영업사원의 말은 확실한 검증 전까지는
일단 의심해라　　　　135

6 상가 분양계약서에 업종 제한 약정은 효력이 있는 걸까?　　　　137

7 대출 80%까지? 폭발적으로 늘어나는 지식산업센터에
대해 알아보자　　　　139

기존 상가의 모든 것

1 과연 이 상가는 얼마일까?   146

2 내가 가진 단지 상가가 재건축된다고?   149

3 상가주택은 1가구 1주택? 상가주택 이것만은 알고 가자   156

 상가투자할 계획이 있다면 이 정도는 알고 투자하자

1 부동산 거래하면 부동산 중개수수료는 얼마를 줘야 할까?   164

2 부동산 중개거래 시 주의해야 할 점은?   166

3 김 사장님, 이것만은 외우시죠   171

임대를 맞추려고만 하지 말고, 나만의 기준을 세워 디자인하라

1 상가투자사례 A_상가투자의 기준을 스스로 디자인하라   198

2 상가투자사례 B_창업트렌드에 따라 지하에 있는 상가도
소액투자로 해 볼 만하다   206

3 상가투자사례 C_싸다고 건드렸다가는, 돌이킬 수 없는
강을 건널 수도 있다   212

4 상가투자사례 D_보유하고 있는 상가의 공실이
지속된다면 하나의 상가를 둘로 쪼개는 것도 고려해라   216

5 최근 상업용 상가는 최악의 시기를 맞이하고 있다
- 그래도 투자를 한다면?   225

참고자료   232

1
Step

수익형 부동산 종류와
투자포인트를
알고 가자

상업용 부동산도 시세차익을 볼 수 있는 상품이지만 주택보다 취득세가 높고 경기 영향을 많이 받아 시세차익보다는 고정적인 임대수익을 노리는 투자수단으로 접근해야 한다. 또한 온라인 시장의 급격한 성장으로 상권도 양극화 현상이 더 심화될 것으로 보여지며 **오프라인 시장에서는 과거보다 입지의 중요성(상권의 영향)이 부각될 것으로 보인다.**

[온라인쇼핑 거래액 동향]

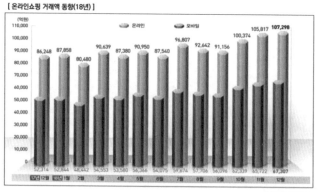

자료)한국온라인협회

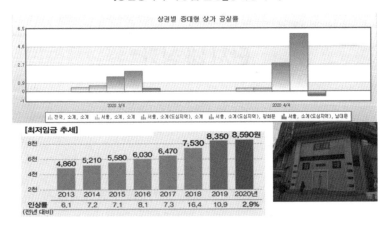

[공실증가와 자영업 환경_통계청자료]

상권별 중대형 상가 공실률

상가의 종류는 단지 내 상가, 지하상가, 오피스 아케이드, 지식산업센터 등 다양하지만 이 책에서는 보편적 범위인 **(아파트)단지 내 상가, 근린상가, 복합상가, 테마상가**로 나누어 알아보도록 하겠다.

단지 내 상가

아파트 주민의 편의를 제공하기 위한 상가(슈퍼, 편의점, 부동산, 미용실 등의 생활밀착형 업종으로 이루어진)로, 단지입주자라는 고정고객 존재로 타유형의 상가보다 다소 안정적인 성격이 있다.

단지 내 상가는 주변상권보다는 세대수, 입주자에 대한 조사가 중요하다. 중대형 평수보다는 중소형(85㎡ 이하) 입주자들이 상가를 이용할 확률이 높고, 통상적으로 대형 아파트 주민은 대형마트 이용빈도가 높다. 왜냐하면, 중소형 아파트 주민의 구성원 수는 대략 3인 미만으로 필요할 때마다 근처 소매점에서 즉시 구매하는 경우가 많고, 대형 아파트 주민의 경우 4인 이상인 경우가 많아, 주 1회 정도 대형마트 방문하여 대량구매를 하는 경우가 많기 때문이다.

가까운 동선상에 SSM(홈플러스 익스프레스, 롯데슈퍼 등)이 있다면 소형슈퍼, 편의점, 과일업종은 불리한 점이 있으므로 분양받기 전 인근에 입점하는 업종 및 브랜드는 반드시 분석해 볼 필요가 있다.

단지 내 상가 투자는 보통 700~1,000세대 배후세대가 있는 곳이 좋다. (전체 근린생활시설 상가면적은 세대당 0.3평 정도가 적정, 1,000세대의 경우, 300평 정도) 아파트단지 출구 숫자, 이동동선 등 입주자들의 접근(이동)동선 특히 퇴근동선을 확인하는 것이 중요하다.

📍 단지 내 상가 Check Point!

최소여건 세대수
세대당 단위규모
상가의 배치형태
앵커_테넌트 유치
분산상가의 문제
주변 수요권 유치 가능성
상가 출입구 수
단지 출입구 수
2층의 동선구조

근린상가

　주거지역 인근에 위치하여 주민 편익을 제공하는 상점이 몰려 있는 곳을 말하며, 업종간 경쟁도 치열하다. 상권의 여러 요인에 대한 명확한 이해가 필요하다. 거시적 요인인 상권특성, 배후인구, 접근성(교통수단) 등부터 미시적 요인인 상가의 위치(층수), 상가가시성, 집객시설 등을 파악해야 한다.

　근린상가에 입점하는 업종으로는 단지 내 상가와 비슷한 생활편의 업종부터 교육, 외식, 소매, 일용품점 등의 업종까지 혼재되어 있으며, 활성화된 상권의 경우, 매매가 상승으로 이어져 매매차익을 거둘 가능성도 높다.

반면, 신도시와 같이 상권활성화가 더딘 곳은 상권 형성에 3~5년 정도의 시간이 소요된다.

신도시 상권 신축상가들의 입점 형태를 보면 편의점, 카페, 베이커리, 부동산이 입점해 있다고 해서 금방 상권이 성숙되어 공실이 단기간에 해결될 것이라고 생각하면 큰 오산이다. 편의점, 카페, 부동산, 베이커리 업종은 상권 초기단계에 입주해도 주변에 구성된 기본적인 수요로 인한 승산이 있는 업종으로 좋은 위치를 선점하는 것이 중요하기 때문에 초기에 입점한다. 그 외 업종은 상권초기단계에 입점 시 높은 이익이 발생하기 어렵다. 몇몇 업종을 제외하고는 장기간 공실이 발생할 수 있으니 앞서 언급한 몇몇 업종이 입점한다고 해서 섣부르게 투자하는 것은 지양해야 한다.

Tip

신도시 상권은 분양 시 독점조항을 명시가 가능한지 확인하고, 독점조항 명시가 가능한 상가를 분양받는다면 실패를 줄일 수 있다. 또한 기존 신도시가 활성화되어 가는 과정을 찾아보면 도움이 된다. 예를 들어 지도앱에서 활성화 된 신도시 상권 내 여러 건물을 연도별 로드뷰 확인을 통하여 연도별로 어떤 업종부터 순차적으로 입점이 되었는지 확인 후, 현재의 투자 검토 중인 신도시 상권에 대입해 보면 많은 도움이 된다.

복합상가

단지 내 상가와 비슷한 개념의 상가로 **아파트, 오피스텔, 지식산업센터, 오피스 등의 주거, 업무시설 등과 복합된 상가**를 뜻한다.

복합상가의 경우, 대형시설로 조성되는 것이 대부분으로 스트리트형, 쇼핑몰과 같은 넓은 공용공간을 보유한 mall형태 등 건축적으로 특화하는 경우가 많다. 이와 같이 대규모로 상가가 지어지는 경우에는 공용관리비가 과다하게 부과될 가능성이 있으니, 전용률(계약면적대비 전용면적비율)이 적정한 수준인지 확인 후, 투자를 진행하는 것이 중요하다.

최근 복합상가의 경우, 마트, 서점 등의 앵커 테넌트를 임대형태로 입점시킨 후 시행사가 보유한 나머지 상업공간을 분양하는 경우가 있으며, 고정적인 유동고객이 방문할 수 있는 가능성이 있어 긍정적인 효과를 볼 수도 있다. 앵커테넌트 외에도 상층부 오피스텔, 지식산업센터, 오피스 등의 주거, 업무시설 배후수요 분석과 함께 주변상권 분석 및 복합상가로 고객이 유입될 가능성이 높은지 등을 함께 고려하는 것이 중요하다.

ⓦ 복합상가 Check point!

ㄱ. 지식산업센터

상업공간 적정면적
업종의 제약성 고려
지식산업센터 상주인구
공동식당의 유무
주5일 근무제 영향
지하층,지상2층 접근동선
상권의 확장가능성
상업공간의 차별화
운영방식의 차별화
MU~성의 특화

ㄴ. 지하상가

지하철 연결여부
유동인구수
유동객 특성(연령, 성별 등)
건물과 연결성(쇼핑시설 등)
지상층의 상권특성
에스컬레이터 설치여부
지상도로 폭
지상 건널목 여부
상가 동선
지하상가 설비 인프라
업정의 전문화 타당성

ㄷ. 오피스아케이드

아케이드 컨셉 설정
지상층 의존형/입지 창출형
지상빌딩 상주인원
건물 입주사 특성
지하철 역세권 여부
인근 오피스 아케이드 현황
주5일제 근무 영향도
입점 테넌트의 경쟁력
동선 및 Lay-out
주차여부/편리성
인접빌딩(건물) 연계성
식음료 외 업종 도입가능여부

테마상가

  밀리오레, 테크노마트와 같이 유사 업종 판매시설을 모아 놓은 대규모 상가를 말한다. 대부분의 테마상가는 지분분양형태로 진행되었는데 성공한 사례를 찾아보기 힘들다.

  왜냐하면, 지분분양은 상가 전체면적을 3평 이하의 작은 면적(지분)으로 나누어 분양하는 형태로 상가가 활성화될 경우, 투자한 금액만큼의 수익을 돌려받을 수 있지만, 상가가 침체기에 빠질 경우, 많은 지분투자자들로 인해 합의점을 찾기가 쉽지 않고 상가관리가 어려워 유령상가로 전락하는 사례가 많기 때문이다.

  공실이 발생할 경우, 일반상가보다 관리비가 높기 때문에 고정 손실은 더 크게 발생할 가능성이 있다. 지분분양이 아닌 등기분양 형태로 분양된다 하더라도 비슷한 업종을 모아 놓는 특성 때문에 업종제한에 걸릴 가능성이 있다.

예를 들어 족발집은 족발만, 비빔밥집은 비빔밥만 팔아야 하며, 다른 음식점과 중복되지 않는다면 가능은 하나, 입점업체 동의를 받아야 하는 경우가 있어 굉장히 까다롭다. 건물 관리자(전체 수분양자의 동의를 얻거나 임대관리 계약을 체결한 시행사, PM사 등)의 역량이 뛰어나지 않다면 상가를 활성화시키기 쉽지 않다.

테마상가는 쇼핑몰과 같이 대규모 실내형 상가로 분양되는 경우가 대다수이다.

Tip

테마상가는 대지지분 등이 없기 때문에 다른 상품들보다 더욱더 수익률 관점에서 접근하여야 하며 주변 상권활성화 현황, 입점업종 등 철저한 분석을 통해 투자 해야 한다. 조금이라도 불안한 요소가 있다면 최근 사회적 상황을 고려했을 때 보류

🅦 테마상가 Check Point!

유통구조(시장)의 변화
사전수요 확보 중요성
공급과잉
분양중심의 관리 난제
입점업체의 경쟁력
설계의 신축성

오피스, 숙박형 부동산

오피스, 숙박용 수익형부동산의 종류는 소형오피스, 지식산업센터, 분양형 호텔 3가지로 분류된다.

1) 소형오피스란?

1인 기업, 1인 스타트업 등 소규모 형태의 사무실을 필요로 하는 수요층이 늘어나고 있어 파생된 부동산 상품이며, **섹션오피스**라고도 한다.

분양면적은 전용면적 10평 정도이며 화장실, 회의실 등은 공용으로 사용될 수 있도록 설계되고, 1~2억원 정도의 소규모 투자로 이루어진다.

오피스상품으로 교통 접근성이 가장 중요하며 1인 사업자가 많기 때문에 저렴한 임차료, 관리비 적정 수준 역시 중요한 포인트이다.

Tip

소형오피스는 지식산업센터, 오피스텔, 기존사무실 등 경쟁상품이 다양하고 임대수요는 매년 증가추세지만 매매수요는 떨어지기 때문에 매매차익 상품으로 접근하기에는 부적합하다고 볼 수 있다.

[오피스 종류]

구분	오피스	섹션오피스	지식산업센터	오피스텔
상품구조	오피스 / 공용부	오피스 / 공용부	지식산업센터 / 지식산업센터 / 공용부	오피스텔 / 사무실, 공실 / 공용부
면적기준	전용 100평	전용 8-13평	전용 30평 내외	전용 8-10평
공급동향	주요 핵심 오피스 권역	주요 오피스 권역 공급 회소	지원시설용지 등 다수 공급	업무/상업용지 과잉 공급
투자금액	초고액(50억 이상)	소액(1억대)	중 / 고액(3-5억대)	소액(1억대)
투자수요층	집단 투자자/중기업/대기업	소액 개인 투자자 집단 투자자, 중기업, 대기업	중소기업, 집단 투자자	소액 개인 투자자
임대수요층	중견기업, 대기업 본사 및 지점, 지역본부	벤처/소기업/중기업/대기업 본사 또는 기업 지역본부	공장, 연구소 등 제조형 중심 중소기업 등 입점 기업 제한	소규모 사업자, 주거 임차수요
임대기간	2년이상 장기계약 ↯	2년이상 장기계약 ↯	2년이상 장기계약 ↯	1년 이내로 단기 계약 ↯

2) 분양형 호텔이란?

분양형 호텔은 사업주체(시행사)가 개별 객실을 개인 투자자들에게 분양한 후, 분양계약자들이 다시 전문 운영사에 호텔 운영을 위탁하는 방식이다.

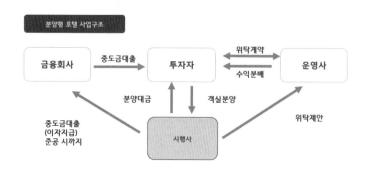

운영사는 객실 운영 등을 통해 번 수익금으로 경비를 충당하고 남는 돈을 투자자들에게 배분하는 구조이며, 객실 가동률이 높아져야지만 수익률도 높아지는 구조이다. 대부분이 공항 주변이나 제주도·강원도 등 인기 관광지 주변에 분양형 호텔이 자리를 잡은 이유이기도 하다.

[일반 호텔과 분양형 호텔 비교]

호텔	구분	분양형 호텔
전문운영사	운영방식	직접 운영사 계약
불가	개별등기	가능
불가	분양	가능
불가	분양권 전매	가능
적용	관광 진흥법	미적용

분양형 호텔은 최근에 여러 환경적인 요인까지 더해져 서울 일부 레지던스형 호텔을 빼면 대부분이 약속한 수익금을 제대로 지급하지 못하고 있는 상황이다.

분양형 호텔의 가장 큰 문제는 약속했던 수익금을 받지 못했을 때 받을 방법이 없다는 것이다.

확정 수익을 약속한 시행사는 분양이 완료되면 빠져나가고, 운영사가 수익금 보장 약속을 이행하지 못해 파산하면 이를 책임질 사람이 아무도 없게 된다.

악덕 일부 시행사는 애초에 파산을 계획하고 공사비를 부풀리거나 운영사를 설립한 이후 운영까지 맡으면서 투자자들에게 돌아갈 이익을 빼돌린다는 의혹도 제기되고 있다. 운영사가 악의를 가지고 과도한 인건비

지출을 예로 들면서 '운영비가 많이 들어 적자가 발생했다.'고 주장해도
확인할 방법이 없다.

> **Tip**
>
> 분양형 호텔은 사건사고가 정말 많은 상품이다. 소액이라 하더라도 경험을
> 해 보지 않은 초보투자자라면, 100% 확신이 들지 않는다면 분양형 호텔은
> 투자를 보류할 것을 권하고 싶다.

상가주택

다음 예시와 같이 1층은 상가, 2~4층은 주택으로 사용되는 건물을 상가주택이라고 한다.

상가주택 예시

건물 내 상가 수가 많지 않기 때문에 상가를 통한 임대수익이 높은 편은 아니지만, 본인이 직접 거주하면서 주택 일부도 임대할 수 있다는 장점이 있어 투자자들이 선호하는 부동산이다.

상가주택의 단점은 주택은 임차료 인하 등을 통하여 임대를 맞출 수는 있지만 상가는 상권이나 주변여건이 갖춰지지 않은 경우 일정 금액의 임차료를 인하하더라도, 공실이 수 년간 지속되기도 한다.

또한, 상가주택 문제는 주차가 부족한 경우가 많아, 차량 이용 고객의 유입이 제한적이기도 하다.

Tip

상가주택 투자 시에는 반경 50~100m에 주차장(공영주차장, 주차타워 등)이 있다면 업종 유치가 좀 더 수월할 수 있다.

2

Step

상권을 알아야
실패를 줄일 수 있다

상권의 종류는?

　상권 개발담당자들에게 단순히 좋은 입지, 나쁜 입지로 구분해 달라고 하면 대부분의 공통요소는 다음과 같다.

좋은 입지는
① 유동인구가 많고 모이기 편리한 장소
② 지하철역이나 버스정거장 주변
③ 식당, 영화관 등 집객시설이 많은 상권
④ 중소 사무실 밀집상권
⑤ 퇴근길 동선에 위치한 상권
⑥ 대형평수보다는 중소형 아파트 단지 상권
⑦ 적정한 권리금이 형성되어 있는 상권

나쁜 입지는

① 임대료가 시세보다 20~30% 이상 저렴하거나 공실이 많은 상권

② 권리금이 형성되어 있지 않은 상권

③ 관심 있게 보는 상가 맞은편에 상권이 형성되어 있지 않은 상권
(맞은편 건물이 없는 지역_나대지, 주차장)

④ 도로폭이 좁고 유동인구 흐름이 빠른 상권

⑤ 경사진 곳에 형성된 상권

상가투자 시 기본적으로 업계에서 통용되는 **좋은 입지, 나쁜 입지의 개념**은 알고 접근해야 한다.

입지별 상권 구조 유형은 크게 **8가지**로 볼 수 있다.

이 중 상권별 구조 유형은 크게 **역세, 주거, 오피스, 학원가, 유흥가**로 나눌 수 있다.

1) 역세권 상권

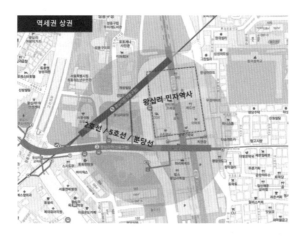

지하철역을 기준으로 소비가 형성되는 상권을 말한다. 일반적으로 지하철역 출구를 기준으로 근거리에 위치할수록 권리 및 임차시세가 높다. 유동인구가 많고 밀집도 역시 높기 때문이다. 그렇다고 출구 앞이라고 해서 무조건 좋다고 맹신해서는 안 된다. 출구 주변에 어떠한 시설들이 자리잡고 있는지 확인이 필요하고, 출구 주변 건물들의 공실률도 살펴봐야한다. 아무리 이용객이 많은 지하철역이라고 해도 출구마다 유동인구는

천차만별이다.

역세권 상권을 보면 고가의 명품샵보다는 캐쥬얼 등의 중저가 의류매
장들이 많고, 고급레스토랑보다는 패스트푸드 매장들이 많은 것이 그 이
유이다.

역세권 상권은 무조건 A급 상권일까? 정답은 '아니다'이다. 이를 업계에
서는 '유동인구의 함정'이라고 말한다. 예를 들어 지하철 6호선 녹번역 일
대는 유동인구의 함정에 빠지기 쉬운 곳이다. 녹번역 상권은 초보자가 보
면 유동인구가 많은 것처럼 보이지만 실제 녹번역은 지하철과 버스의 환
승지역으로 주거 밀집지역인 역촌동 방향으로 진입하려는 교통인구, 즉
흐르는 인구가 많은 곳이다.

이처럼 기본적인 상권 배후의 상주 인구층을 고려하지 않은 채 단순히
눈에 보이는 역세권의 유동인구만 볼 경우 함정에 빠지기 쉽다. 유동인구
가 많은 역세권이라도 단순히 흘러가는 인구가 많다면 이들을 흡수하여

수익을 올리기는 생각보다 쉽지 않다.

그럼에도 역세권 상권은 여전히 가장 매력적인 상권임에는 틀림없다. 유동인구가 많은 역세권 상권의 지역 특성을 고려하여 어떠한 업종이 맞을지 검토 후 상가 투자를 한다면, 성공 가능성이 타상권 대비 높다.

[참고-일 평균 역별 승하차인원 순위(2018년말)]

순위	역명	승하차 인원(일평균)	비고
1	강남	237,144	2호선 : 204,144, 신분당역 : 약 33,000
2	서울역	212,035	1호선 : 108,475, 4호선 : 35,719, 경부선 : 37,646, 경의선 : 7,026, 인천국제공항철도 : 23,169
3	잠실	207,811	2호선 : 175,376, 8호선 : 32,435
4	고속터미널	194,844	3호선 : 120,887, 7호선 : 39,528, 9호선 : 34,429
5	홍대입구	177,514	2호선 : 165,072, 경의선 : 12,442
6	신도림	160,512	2호선 : 119,414, 경부선 : 41,098
7	사당	145,432	2호선 : 91,263, 4호선 : 54,169
8	신림	138,692	2호선
9	가산디지털단지역	127,288	7호선 : 77,727, 경부선 : 49,561
10	구로디지털단지	124,380	2호선
11	종로3가	119,836	1호선 : 65,905, 3호선 : 23,014, 5호선 : 30,917

[참고-지하철 1~9호선 승하차인원 순위]

순위	1호선	2호선	3호선	4호선	5호선	6호선	7호선	8호선	9호선
1	서울역 (108,475)	강남 (204,144)	고속터미널 (120,887)	혜화 (85,496)	광화문 (72,145)	이태원 (37,686)	가산디지털단지 (77,727)	천호 (40,113)	신논현 (59,703)
2	종각 (85,370)	잠실 (175,376)	연신내 (82,994)	명동 (81,209)	까치산 (58,777)	응암 (35,942)	광명사거리 (52,917)	장지 (36,170)	노량진 (56,888)
3	종로3가 (65,905)	홍대입구 (165,072)	양재 (82,758)	수유 (77,106)	화곡 (57,182)	공덕 (35,862)	철산 (48,433)	암사 (34,938)	가양 (40,177)
4	청량리 (53,928)	신림 (138,692)	남부터미널 (70,902)	충무로 (64,602)	오목교 (50,730)	디지털미디어시티 (28,476)	학동 (43,252)	잠실 (32,435)	여의도 (38,095)
5	종로5가 (51,617)	구로 디지털단지 (124,380)	압구정 (69,607)	미아사거리 (58,902)	여의도 (47,482)	안암 (27,476)	청담 (41,937)	남한산성입구 (27,612)	고속터미널 (34,429)

2) 주택가 상권

아래 지도와 같이 상가 배후에 주택들이 형성되어 있는 곳에 보이는 상가들은 주택가 상권이다. 가장 무난하면서 투자자들이 많이 투자하는 상권이다. **주택가 상권에는 아파트, 오피스텔, 빌라, 단독주택, 원룸 등의 주**

거지가 위치하고 있다.

해당 상권에서 가장 유의해야 하는 점은 주거배후의 세대수가 얼마이
며, 그 세대의 구성원의 연령층, 소비력 등이 어떤지를 살펴보는 것이 중요
하다. 4인 가구가 많은 40평대 아파트 1층 상가에 코인세탁소를 오픈한다
면 얼마 가지 않아 폐업할 확률이 높다. 왜냐하면, 40평대 아파트 세대는
대부분 세탁기뿐만 아니라 최근에는 건조기까지 구비해놓고 있다. 굳이
비싼 돈 내고, 코인세탁소를 이용할 고객은 많지 않을 것이기 때문이다.

반대로 1인 가구가 많은 오피스텔에 좌식으로 구성된 아구찜 전문매장
이 생긴다면 어떨까? 1인 가구가 대부분 거주하는 곳에 통상적으로 단가

가 3만원 이상으로 높은 편인 아구찜을 판매하면 과연 사먹을 사람이 얼마나 많을까? 차라리 1인 가구 구성원을 타겟으로 한 동태찌개 등의 찌개 전문점을 오픈하는 게 낫지 않을까?

이처럼 상권 내 배후 세대수도 당연히 중요하지만, 배후를 구성하고 있는 여러 요소를 체크하는 것도 굉장히 중요하다.

주택가 상권의 경우 일반적으로 출근 시간대에는 출근 준비하기 바빠서 이것저것 챙길 수 있는 시간적인 여력이 없다. 그래서, 출근 시간대 동선에는 급하게 구매할 수 있는 편의점, 테이크아웃 커피 전문점 등을 추천한다. 반면 퇴근 시간대에는 시간적 및 심리적인 여유가 생기기 때문에 음식점, 베이커리, 소매점 등 다양한 업종에 대해 폭넓은 검토가 가능하다.

3) 오피스 상권

오피스 상권은 직장인을 상대로 영업을 하기 때문에 음식의 퀄리티 및 가성비가 중요하다. 입지도 중요하겠지만, 직장인들은 구매력이 어느 정도 있기 때문에 일정 수준 이상의 맛이 동반되어야 성공 가능성이 높다.

점심 시간대인 11시 30분~13시 사이에 고객이 집중되기 때문에 경쟁력 있는 단일메뉴로 운영하여 회전율을 높이는 것이 수익성 확보에 용이하다. 그리고 매장면적은 최근 배달수요가 많다고 해도, 오피스 상권의 경우는 매장이용률이 높기 때문에 매장의 면적이 클수록 좋다.

* 참고할 만한 오피스 상권: 여의도, 을지로입구, 구로디지털단지, 가산디지털단지

4) 유흥가 상권

유흥가 상권은 각종 모임 등이 이루어지는 곳이기 때문에 지하철, 버스 등의 교통 접근성이 우수하다. 백화점 또는 대형마트, 극장, 서점 등의 대형유통시설을 중심으로 주변에 로데오거리 또는 먹자골목이 형성되는 것이 일반적이다.

대부분 역세권과 복합적으로 형성되어 있다고 보면 된다. **유흥가 상권은 앞으로 시간이 지나면서 상권 범위 자체가 좁아질 가능성이 크다.** 최근 몇 년 사이에 스타필드, 롯데몰 등의 복합쇼핑몰이 지속적으로 생기면서 굳이 주차도 힘들고 번잡한 유흥가에서 약속을 잡기보다는 날씨, 주차 걱정 없이 One-Stop으로 한 번에 즐길 수 있는 복합쇼핑몰을 택하는 사람들이 급격히 늘어나고 있기 때문이다.

역세권은 어쩔 수 없이 이용해야 하는 대중 교통시설이 있기 때문에 상대적으로 영향도가 낮겠지만, 유흥가는 필수로 거쳐갈 수밖에 없는 상권은 아니기 때문에 창업 및 상가투자 고려 시 향후에 변하게 될 트렌드를 주시할 필요가 있다.

* 참고할 만한 유흥가 상권: 서울 강남영동시장 골목, 부천중동 롯데백화점 먹자골목

5) 학원가(대학가) 상권

상가가 학교 및 학원 밀집된 상권에 위치하고 있다면 이 상가의 주고객은 학생일 것이다. 학교도 초등학교, 중학교, 고등학교, 대학교로 나누어지고, 어떤 학교가 위치하고 있는지에 따라 상당한 차이가 있다. 음식점을 운영한다고 하면, 초등학교보다는 대학교 앞이 매출이 높을 것이다. 주고객인 학생의 소비력이 차이가 나기 때문이다.

학교의 종류에 따라 소비력이 다르기 때문에 업종을 잘 정해야 한다. 학원가 상권의 가장 큰 장점이자 단점은 방학이 있다는 것이다. 학기 중에 열심히 벌고, 방학기간에 쉬어 가는 패턴을 선호하는 창업자라면 학원가 상권이 잘 맞을 수 있다. 대신 방학에 쉬어 가도 될 만큼 학기 중에 높은 매출과 수익이 보장되어야 할 것이다.

흔히 학원가에서 분리해서 봐야 할 상권이 대학가 상권이다. **대학가의 경우 해당 상권 내 학생들을 상대로 한 중저가 컨셉의 외식업, 의류 매장들이 구성되어 있다 보니, 경기 침체 시에도 타상권보다는 영향을 덜 받는다는 것이 장점이다.**

하지만 코로나 19로 인해 초유의 개학연기 등으로 이전에 경험해 보지 못한 상황을 맞이하고 있다. 향후에도 이러한 변수들이 빈번하게 발생할 가능성이 높아 **학원가 상권은 코로나19 상황이 안정된 이후 상권에 대한 재판단을 해 보면 좋을 듯하다.**

체크리스트를 통해
상권을 정확히 파헤치자

우선 상가투자하기 전에 건물 주변 장애요인을 파악하고 장애요인이 있는 상가는 투자를 지양해야 한다. 장애요인이 있는 건물은 향후 매각 시에도 양수인이 매수 결정하는 과정에서 부정적인 결과로 이어질 가능성이 크다.

1) 장애요인

2) 체크요인

구분		체크사항
입지조건	입지유형	• 나대지, 건물
	입지크기	• 매장규모를 경쟁력 측면에서 고려
	입지형태	• 전면 넓고 너무 깊지 않은 점포여건
	접도조건	• 접도조건, 도로폭, 건널목, 보행동선, 대기동선 등
	점포 출입환경	• 주출입구, 부출입구, 지하출입구 등
	입지위계	• 도심/부심, 지역/지구/근린, 교외권
접근성	교통 접근성	• 광역접근수단, 지하철과의 관계, 자가용 접근여건, 버스정류장과의 관계, 중앙차로제 여부
	주차장여건	• 주차시스템, 주차접근성, 주차대수, 주차장 진출입 처리
	교통시설	• 건널목 위치, 지하도 여부, 일방통행 여부, 보행환경, 버스 노선
	유동객 동선	• 교통시설 접근동선, 주요 업무시설 접근동선, 주거지 접근 동선, 유동객 유인시설 입지여부

구분		체크사항
경쟁환경	경쟁구조	• 상권의 유형, 상권 Pocket성 여부, 경쟁점 분포(동종업태 및 이업태), 주변 상권과의 크기 비교와 연관성
	경쟁점의 강·약점 분석	• 점포환경 측면, MD측면, 접근성 측면, 미래변화 측면, 마케팅, 점장 등 조직
	영업 현황	• 내점자, 구매자, 객단가, 상권범위, 매출액, 매출관련 지표 등
Market 환경	통행객	• 요일별, 성별, 연령별, 시간대별, 통행객 특성 등
	배후 가구 · 인구	• 가구수, 인구수, 가구당 인구, 연령별 인구 등
	주택구조	• 주택수, 아파트 비중, 평형대, 아파트브랜드, 정비사업 여부 등
	사업체 환경	• 사업체수, 사업체 종사자, 사업체 구조, 상주인구 대비 종사자수
	주요 집객시설	• 교육시설, 문화시설, 업무시설, 의료시설, 공공시설, 기타
	교통시설 이용객 현황	• 지하철 승강객수, 출입구별 이용비중, 버스이용객수 등
	업종구조	• 주요 판매업종 분포, 주요 브랜드 분포수(FF, 편의점, 패션점, 패션잡화 등), 업종구조 등
	주요 상권변화 전망	• 주거환경, 교통환경, 상업환경, 기타 도시계획환경 등

이러한 체크사항들을 참고로 하여 투자하고자 하는 상가 또는 건물을 스스로 평가해 보고, 지속적인 시뮬레이션을 통해 상가의 적정가치를 판단할 수 있는 능력을 키워 나가긴 바란다.

상권에 대해 도움이 될 수 있는 여러 수치를 확인하려면 '소상공인진흥 공단_상권정보시스템'을 이용해 보자.

[상권분석시스템_조사구분]

상권평가	평가종합, 지역별, 상세평가지수
업종분석	업종별 추이, 지역별 추이, 업종생애주기
매출분석	업종 매출추이, 상권매출, 시기, 고객별 매출특성
인구분석	유동, 주거, 직장, 직업,업종, 주거형태 분석
소득 소비	소득, 소비(연령, 행정동, 금액구간별 등)
지역분석	주요 시설 현황, 학교시설, 교통시설 등

[지도분석]

서울 지역에 투자를 고려한다면 '서울시 우리마을 상권분석 서비스 (https://golmok.seoul.go.kr/)'를 이용해 보자. 창업과밀도, 상권변화지 표, 고객/인구 현황 등 상권에 대해 다양하고 세밀한 정보를 얻을 수 있

다. 지역을 선정하였다면 사전에 데이터를 이용해서 접근하면 성공투자의 좋은 자원이 될 것이라 생각된다.

[서울시 우리마을가게 상권분석서비스]

　　예비창업자가 가장 많이 창업하고 있는 100개 생활밀접업종을 선별하여 업종별 다양한 정보를 상권단위로 제공하고 있다. 내가 투자할 상가의 사업자(임차인)가 된다는 생각으로 해당 상가에 적합한 업종을 분석하고 업종에 맞는 임차인을 구한다면 안정적인 수익률을 얻을 수 있을 것이다.

3) 내 상가에는 어느 업종이 적합할지 업종별 상권 범위를 알고 가자

- 판매업종

  편의점 200~300m

  문구점, 야채, 과일가게 등은 상권 범위 500m

  안경점, 통신판매, 서점, 의류점, 제과점, 화장품, 스포츠용품 등 선매점, 고가품은 상권 범위 1~2km

- 식음/외식업종

  노하우가 필요 없는 일반음식점, 치킨, 분식, 호프 등 일반음식점은 상권 범위 500m

  패스트푸드점, 전문한식점, 프랜차이즈 음식점 등 전문음식업종은 상권 범위 1~2km

  ☞ 최근에는 배달시장 확장으로 인한 범위 확대로 일반 음식점의 상권 범위는 1km 이상으로 보는 것이 현실적일 수 있다.

- 서비스업

  세탁업 상권 범위 500m

  노래방, PC방, 미용실 상권 범위 1~2km

  골프연습장, 헬스장 등 건강 관련 업종은 상권 범위 2~3km

업종별 상권 범위를 파악하고 해당 상권 범위 내 경쟁 현황을 분석한다면, 공백업종 파악이 가능하다. 만약, 임차인을 구할 경우 공백업종을 희망하는 임차인을 우선적으로 찾아 입점시킨다면, 타업종 대비 롱런할 가능성이 높다.

[반경 500m 상권 내 세탁소 위치]

세탁소 위치 및 운영하고 있는 세탁소 영업력 등을 분석하여 임차인이 장기적으로 운영할 수 있는 경쟁력을 확보한 상권인지 파악할 수 있다.

상가 투자 시 상가 앞 인도와 도로의 폭은
유동인구보다 더 중요한 요소일 수 있다

'유동인구 많고, 매장 전면 길이가 10m로 넓어 정말 최고의 매장이다'라고 판단하고 상가투자 및 창업을 결정하는 경우가 있다. 하지만 단지 외부에서 보이는 유동인구, 가시성만 보고 투자를 결정하는 것은 섣부른 판단이다.

매장 바로 앞의 인도 폭도 반드시 체크해야 할 부분이다. 유동인구가 많음에도 매장을 내방하지 않는다면 어떤 이유가 있을까?

'인도 폭이 좁으면 유동인구는 흘러간다'라는 말이 있다. 매장 앞에 노점상 등의 장애요소가 없고 인도 폭이 넓고 깨끗하면 도보이용자는 편리함을 느낄 것이다. 이러한 환경은 도보이용자에게는 너무나 좋지만 매장 임차인 입장에서는 열악한 환경이라 할 수 있다. 인도 폭이 넓고 주변환경이 좋다 보면 외부를 둘러보느라 매장으로 가는 시선이 약해지는 경향이 있기 때문이다.

참고로 도로 폭도 지나치게 넓으면 차량속도가 빨라 차를 정차시켜 구매하는 빈도가 낮아진다. 즉, 차량고객 내방 빈도수가 낮아진다.

필자의 경험상 **도로 폭**은 2차선 도로, 맞은 편 상가와 거리가 18m 내외로 된 입지가 우수하며 중앙분리대가 없어야 접근성이 좋아지기 때문에 2차선이라 할지라도 중앙분리대 여부를 확인해야 한다.

정리하자면, **경험에 비추어 볼 때 인도의 폭이 5m(일반 성인 보폭으로 6걸음) 이내가 가시성, 접근성에 있어 이상적이라고 본다.**

[도로폭이 좁은 상권_가시성이 떨어져 고객에게 노출이 되기 어렵다.]

도로폭 6m로 가시성 확보 및 2차선 도로는 통행객들이 불법임을 알면서도 자유로이 건너 다니는 경우가 많아 건너편 배후 고객도 일정부분 흡수 가능하다.

Tip

예비 창업자, 상가투자자들은 인도의 폭이 지나치게 좁거나 넓지 않은지, 점포 앞 도로차선, 도로 폭이 어느 정도인지 매장 외부요인을 꼼꼼하게 확인할 필요가 있다.

출근길 동선보다는
퇴근길 동선 파악에 집중해라

　상가투자나 창업 시 '유동인구가 많은 곳을 타겟'으로 정해야 한다는 말을 수도 없이 들었을 것이다. 하지만 단순히 유동인구가 많다고 무조건 좋은 상가라고 판단하는 것은 섣부른 판단이므로 주의해야 한다.

　유동인구가 많다는 것은 매출이 나올 가능성을 높여 줄 수는 있다. 하지만, 유동인구 자체가 소비를 일으킨다고 볼 수 없다. 소비를 일으키는 영양가 있는 유동인구인지 아닌지를 파악해야 성공적인 투자가 될 수 있다.

　유동인구는 크게 출근길 동선과 퇴근길 동선으로 구분해서 상권을 파악하는 것이 상권을 이해하는 데 수월하다. 임차인(창업자) 입장에서는 출근길 동선보다는 퇴근길 동선상에 위치한 상가가 수익성 측면에서 더 나을 수 있다.

출근길과 퇴근길 동선이 같은 경우도 있지만 출근 시간대에는 시간적 여유가 없어 상품에 대한 소비 없이 최대한 가까운 동선으로 이동한다. 이런 유동인구를 단순히 '흘러가는 유동인구'로 표현하기도 한다. 실질적 소비 인구가 적은 동선인 셈이다.

반면, 퇴근 시간대에는 시간적인 여유가 있어 여러 매장에서 쇼핑도 하고, 외식도 하기 때문에 많은 소비가 발생한다.

편의점을 예를 들면 출근 시간대에는 객단가가 2,000원 정도로 캔커피, 껌 종류 등의 단가가 낮은 상품이 대부분의 매출을 차지하지만, 퇴근 시간대에는 맥주, 안주류, 식사류 등 단가가 높은 상품이 매출에서 큰 비중을 차지하여, 객단가가 1만원에 육박하기도 한다.

그렇다면 퇴근길 동선을 파악하기 위해서는 어떻게 해야 할까?

저녁 시간대 현장을 방문하여 사람들의 이동 흐름을 파악하는 것이 제일 좋다. 퇴근 시간대에 지하철, 버스정류장에서 퇴근하는 사람들이 어떤 방향으로 흐르는지, 1주일 정도 체크해 보면 상권 내 퇴근길 동선이 눈에 보일 것이다. 이외에도, 저녁 시간대 노점상이 밀집한 곳, 많은 택시가 대기하는 지점을 확인하는 것도 좋은 방법이다. 성공투자를 위해서는 반드시 직접 현장을 가서 출·퇴근동선을 확인할 것을 권장한다.

[상권확인_지도예시]

상가도 상대방의 눈에 비쳐지는
첫인상이 중요하다

'반듯한 사각형 모양의 상가, 적정규모의 전용률 높은 상가.
상가 전면이 넓어야 간판 길게 제작 가능하고, 매장도 넓어 보이는 효과'

외모가 전부가 아니지만 사람을 만날 때 첫인상이 중요한 것처럼 상가도 첫인상이 중요하다. 상가를 매매하거나 임차인을 구할 때, 투자자에게도 상가의 첫인상으로 계약까지 하는 경우가 종종 있다.

그렇다면 어떻게 생긴 상가가 매력적인 걸까?

이상적인 구조는 반듯한 사각형 모양의 상가다. 일반적으로 업체에서 선호하는 형태는 직사각형이나 정사각형의 중간 형태다. 폭이 좁은 라운드형, 삼각형 구조의 상가도 종종 본 적이 있을 것이다. 이럴 경우 임대료가 생각보다 저렴하고 상가 내부구조가 특이해서 귀가 솔깃할 수는 있지만 향후에 임차인이 선호하지 않을 가능성이 높다.

기본적으로 구조가 특이할 경우에는 시설이나 집기, 가구, 장비 등의 배치가 쉽지 않기 때문이다. 공간의 활용도가 떨어지는 부분, 흔히 쓰는 용어로 '죽는 공간'이라고 하는데 이러한 공간이 많을수록 상가의 가치는 떨어질 수밖에 없다.

사각형 모양이면서도 출입구를 기준으로 세로보다는 가로가 긴 형태가 좋다.

가로와 세로 3:2 비율 정도면 적당하고 가로보다 세로가 지나치게 긴 매장은 간판을 넓게 설치하지 못하고 전면이 좁으면, 매장면적이 크더라도, 육안상으로 작아 보이고, 답답해 보일 수 있다.

반대로 가로가 긴 매장들은 간판을 넓게 설치할 수 있으며 육안상으로 매장 면적이 커 보이는 효과가 있다.

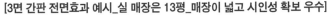

[3면 간판 전면효과 예시_실 매장은 13평_매장이 넓고 시인성 확보 우수]

또한 매장 전용출입구도 필수적으로 가지고 있어야 하며 고객들의 진, 출입 동선이 자유로워야 한다. 1층 상가의 경우 도로에서 매장으로 바로 들어올 수 있는 출입구가 반드시 있어야 한다. 건물 안으로 들어온 후, 출입할 수 있는 매장은 경쟁력이 떨어진다.

상가의 크기도 중요한 부분이다. **상가는 적정 규모와 높은 전용율(실제 매장 평수)을 가진 매장을 선택해야 한다. 상가 면적이 적정해야 다음 임차인을 구하기가 수월하고, 권리금 회수도 유리하다.**

상가의 적정면적이 정답이 있는 것은 아니나, 일반적으로 1층은 전용면적 33㎡에서 66㎡ 사이(10~20평), 2층은 82㎡~99㎡ 정도이고 3층은 132~165㎡ 정도가 적당하다. 층이 높을수록 상가의 면적이 넓은 곳이 좋은데 이것은 고객 유인과 관계가 있다.

누구나 알고 있듯이 상가의 꽃은 1층이다.
그만큼 건물에서 1층의 임대료가 비싸고 각 매장의 규모도 전용면적 33~66㎡(구 10~20평) 내외의 작은 규모로 조성되는 경우가 대부분이다.

면적은 다른 층 대비해서 작지만 1층은 접근성과 가시성이 가장 좋고, 2층 이상의 매장에서 어려운 테이크아웃 등을 활용하면 매출을 올리기 용이하다. 또 업종의 제한도 적기 때문에 면적이 작더라도 효율적인 매출이 나올 가능성이 상대적으로 높다.

반면 2층 이상의 경우 계단이나 엘리베이터를 이용해야만 접근할 수 있어 고객의 접근이 쉽지 않다. 층수가 높을수록 공간이 넓고 쾌적하지 않으면 고객을 끌어 모으기가 어려울 수 있다.

일반적으로 적정 전용률은 어느 정도일까?
단지 내 상가는 80%, 근린상가는 60%, 주상복합 50%, 테마상가는 45% 이상은 돼야 한다. 또한 광장과 테라스 등의 서비스 면적이 있어 공간 활용이 클수록 더욱 유리하다 할 수 있다.

투자지역의 용도지역을
알고 가야 성공투자의
밑거름이 된다

내가 관심을 가지고 있는 상가가 있는
상권의 용도지역은?

구분	대분류	중분류	소분류	지정목적
용도 지역	도시지역	주거지역	제1종전용주거	▶ 단독주택 중심의 양호한 주거환경 보호
			제2종전용주거	▶ 공동주택 중심의 양호한 주거환경 보호
			제1종일반주거	▶ 저층주택 중심의 주거환경 조성
			제2종일반주거	▶ 중층주택 중심의 주거환경 조성
			제3종일반주거	▶ 중·고층주택 중심의 주거환경 조성
			준주거	▶ 주거기능에 상업 및 업무기능 보완
		상업지역	중심상업	▷ 도심·부도심의 상업·업무기능 확충
			일반상업	▷ 일반적인 상업 및 업무기능 담당
			근린상업	▷ 근린지역의 일용품 및 서비스 공급
			유통상업	▷ 도시 내 및 지역간 유통기능의 증진
		공업지역	전용공업	▷ 중화학공업, 공해성 공업 등을 수용
			일반공업	▷ 환경을 저해하지 아니하는 공업의 배치
			준 공업	▷ 경공업 수용 및 주·상·업무기능의 보완
		녹지지역	보전녹지	▷ 도시의 자연환경·경관·산림 및 녹지공간 보전
			생산녹지	▷ 농업적 생산을 위하여 개발을 유보
			자연녹지	▷ 보전할 필요가 있는 지역으로 제한적 개발허용
	관리지역	보전관리	-	▷ 보전이 필요하나 자연환경보전지역으로 지정이 곤란한 경우
		생산관리	-	▷ 농·임·어업생산을 위해 필요, 농림지역으로 지정이 곤란한 경우
		계획관리	-	▷ 도시지역 편입이 예상, 계획·체계적관리 필요
	농림지역		-	▷ 농림업의 진흥과 산림의 보전을 위하여 필요
	자연환경보전지역		-	▷ 자연환경등의 보전과 수산자원의 보호·육성

용도지역 중에서도 부동산 구입 시 중요하게 보는 곳이 바로 **도시지역
내 주거지역**이다. 주거지역은 다시 전용주거지역, 일반주거지역 준주거

지역으로 구분되는데 1종 또는 2종 분류에 따라 건축할 수 있는 **건물의 종류나 층수** 등이 달라진다.

단순히 건물을 짓는 것을 떠나 투자자로서 부동산의 가치를 결정하는 중요한 요소가 되기 위해 꼭 기억해야 할 부분이다.

※ 준주거지역은 주거 기능을 주로 하지만 상업적 기능이 보완된 곳으로 주거지역 가운데 상업적인 성격이 강한 용도지역이다.

용적률, 건폐율을 알아야
건물의 가치를 올릴 수 있다

용도지역은 국토계획법 시행령에 따라 용적률과 건폐율로 행위 제한을 받게 되는데 **어느 정도의 면적, 어떤 충고**의 건축물을 지을지 등이 시행령에 따라 결정된다.

지역(법)		세 분(시행령)	건폐율(%)	용적률(%)
도시지역	주거지역	제1종전용주거	50	50-100
		제2종전용주거	50	50-150
		제1종일반주거	60	100-200
		제2종일반주거	60	100-250
		제3종일반주거	50	100-300
		준주거	70	200-500
	상업지역	중심상업	90	200-1500
		일반상업	80	200-1300
		근린상업	70	200-900
		유통상업	80	200-1100
	공업지역	전용공업	70	150-300
		일반공업	70	150-350
		준 공업	70	150-400
	녹지지역	보전녹지	20	50-80
		생산녹지	20	50-100
		자연녹지	20	50-100
관리지역	보전관리	-	20	20-80
	생산관리	-	20	50-80
	계획관리	-	40	50-100
농림지역		-	20	50-80
자연환경보전지역		-	20	50-80

그럼 용적률과 건폐율에 대해 간략하게 알아보자.

자료 출처: 한국감정원

용적률은 대지면적 대비 건축물의 총면적을 말한다(지하층 제외). 용적률이 높으면 고층 건물을 지을 수 있다. 즉 용적률이 높으면 당연히 토지의 가치가 올라간다.

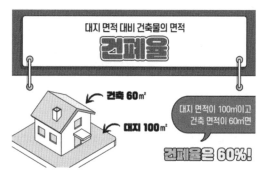

자료 출처: 한국감정원

건폐율은 대지면적에 대한 건축할 수 있는 바닥면적의 비율을 말한다.
건폐율이 높으면 건축면적은 넓어지지만 건물 간 거리가 좁아져 화재사
고 및 채광, 일조, 통풍 영향으로 거주/생활환경이 좋지 못해 제한을 둔다.

보전관리, 생산관리로 되어 있는 곳의 용적률이 매우 낮은 경우를 볼 수
있는데 이러한 이유로 해당 지역의 토지가격이 낮을 수밖에 없다.

연면적은? 지상층, 지하층은 물론 주차시설까지 포함한 면적이며, **간단
하게 '바닥면적 × 층수'라고 생각하면 된다.**

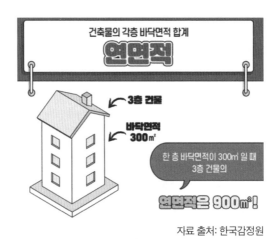

자료 출처: 한국감정원

결국 **용도지역 변경, 종 상향에 열을 올리는 이유는?** 용도지역 변경을

통해 용적률, 건폐율을 높여 건축물을 추가로 지으면 건축물이 늘어나 분양사업 수익성도 좋아지기 때문이다.

내 상가에 이 업종이 안 된다고?

상가투자 시 꼭 확인해야 될 부분은 '근린생활시설'이다. 근린생활시설은 주거지 인근에 위치한 편의시설 제공을 하는 시설을 통칭한다.

근린생활시설은 **제1종, 제2종**으로 구분되어 있어 정확하게 확인할 필요가 있다.

근린생활시설 여부를 확인하기 위해서는 **건축물대장을 확인해야 하고,
건축물대장 중 갑구**를 확인해야 한다.

건축물대장 갑구에서 주용도부분을 확인해야 한다. 주용도에는 **단독주
택, 공동주택, 근린시설** 등이 있고 근린시설은 슈퍼마켓, 음식점, 미용실,
세탁소, 목욕탕, 의원, 체육도장 등이 해당된다. 건축물의 주용도가 공동
주택, 단독주택인 경우 근린시설로 이용할 수 없으며 주용도와 다르게 운
영하는 경우 불법건축물에 해당된다. 정리하자면 상가건물로 활용 가능
한 것은 **'근린시설'**이다.

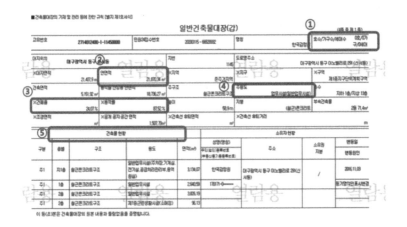

또 한 가지 확인해야 될 사항은 교육환경 보호법(久 학교보건법)이다.

상기 법령 중 '**교육환경보호구역**'이란? 교육환경보호를 위하여 학교보건위생에 지장이 있는 행위 및 시설을 제한한 지역을 말한다.

교육환경보호구역은 '**절대보호구역**'과 '**상대보호구역**'으로 나누어진다.

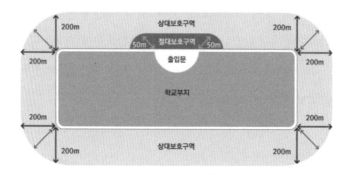

① **절대보호구역**: 학교**출입문**으로부터 반경 **50m**까지의 지역은 유해업소 일절 불가

② **상대보호구역**: 학교**경계선**으로부터 **직선거리로 200m**까지의 지역 중 절대정화구역을 제외한 지역(단, 관할 교육청의 심의 통과 시 유해업종 입점 가능)

☞ 상대보호구역 내 유해업소 창업 및 지정해제는 해당 교육장에게 민원을 신청해서 심의를 받아야 하며, 교육지원청에 방문 접수하거나 민원24를 통해 온라인으로 민원 접수 가능

[설정대상]

구분	대상
학교	「유아교육법」제2조제2호에 따른 유치원
	「초·중등교육법」제2조에 따른 초등학교, 중학교, 고등학교, 특수학교, 각종학교, 고등기술학교, 공민학교, 고등공민학교
	「고등교육법」제2조에 따른 대학, 산업대학, 교육대학, 전문대학, 기술대학, 각종학교, 원격대학(방송대학, 통신대학, 방송통신대학, 사이버대학)
학교 설립 예정지	「국토의 계획 및 이용에 관한 법률」제30조에 따라 도시·군관리계획으로 결정되어 고시된 학교용지
	「유아교육법」제2조제2호에 따른 유치원을 설립하려는 자가 확보한 유치원 용지[사립유치원을 설립하는 경우에는 특별시·광역시·특별자치시·도 또는 특별자치도 교육감의 설립인가를 받은 용지]
	「초·중등교육법」제2조제4호에 따른 특수학교를 설립하려는 자가 확보한 특수학교 용지(사립특수학교를 설립하는 경우에는 교육감의 설립인가를 받은 용지)
	「초·중등교육법」제60조의3에 따른 대안학교를 설립하려는 자가 확보한 대안학교 용지(사립대안학교를 설립하는 경우에는 교육감의 설립인가를 받은 용지)

※ 어린이집은 보육목적만 가지고 있어 보호구역에 포함되지 않는다.

[학교환경위생 보호구역 내 금지행위 및 유해업종]

노래방 - 유흥주점, 단란주점, **노래연습장**

영화 - **영화관, 비디오감상실**, 비디오물소극장

게임 - **(청소년)오락실, pc방**, 복합 유통게임제공업

숙박 - 호텔, 모텔, 여관, 여인숙

춤 - 무도장, 무도학원

특수목욕탕 - 증기탕, 터키탕

운동 - **당구장**

만화방, 전화방, 화상대화방, 폐기물 수집장소(고물상)

굵게 표기한 시설은 대학교, 유치원 주변에는 입점이 가능하다.

학교 내 보호구역을 확인하지 않고 상가를 매매하거나 임차하는 경우가 생각보다 빈번하다. PC방 창업을 하려고 상가를 직접 매매하였는데 **학교보호구역**을 확인하지 않아 허가를 받지 못해 피해가 발생한 경우도 다수 있다.

보호구역 해당 여부의 판단은 중개대상물의 지번(주소)으로 **'토지이용계획확인원'** 및 **'교육환경정보시스템 교육환경보호구역'**에서 확인 가능하다.

[토지이용계획확인원 예시]

[교육환경정보시스템 교육환경보호구역]

만약, 영업 중인 유해업종을 양수도하여 운영하는데, 향후 학교가 설립된 경우 이전 또는 폐업 대상업소로 분류되어 **5년 유예기간** 내에 폐업하거나 이전해야 한다. 나중에 설립된 학교 기준에 맞춰 보호구역 내 PC방에 대한 이전/폐업 판결이 난 경우도 있으니 정확하게 알아보아야 한다.

※ 학교예정/지정용지는 고시일 다음날부터 정화구역으로 선정되므로 필히 확인하여야 한다.

참고로, 병의원 입점(임대) 검토 시에 변경된 사항을 확인해야 한다.

과거에는 병의원들이 제1, 2종 근린생활 업종 용도 구분 없이 개업이 가능하였으나, 2020년 1월 23일에 개정된 건축법에서는 제1종 근린생활시설에서만 개업이 가능하며, 추가적으로 상가 안에 병의원 면적 합 500㎡ 이상일 경우 장애인 화장실을 별도 설치할 의무가 있다.

4
Step

상가 수익률의
진실을 알고 가자

상가수익률을 구할 때는
상가구입 시 발생하는 비용도 반영해라

수익형 부동산, 상가는 임대수익이 정말 중요하다. 주택과 다르게 우량 임차인이 장기간 입점하여 지속적으로 월세를 인상해 주는 상가가 아니라면 매매차익을 보기 쉽지 않은 것이 사실이다. 상가는 임차료(월세)를 얼마 받는지에 따라 매매가격이 형성되므로 수익률을 정확히 산정하는 것이 중요하다.

매월 받는 월세를 월 50,000원 더 받는다고 한다면 수익률 5% 기준 매매가 1200만원 정도가 상승한다.

* 계산방법

(50,000원 × 12개월) / 5% = 1200만원

만약 상가 매매 시 5억원을 투자해서 월 200만원을 받는다면 과연 이것

이 안정적인 투자일까? 성공적인 투자를 하기 위해서는 수익률을 정확하게 계산해야 한다.

* 상가수익률 계산방법

$$\text{상가수익률} \quad = \quad \frac{(\text{월 임차료} \times 12\text{개월}) - \text{대출이자}}{\text{매매가격} - (\text{보증금} + \text{대출원금})} \times 100$$

상가매매가 5억원

대출금 2억원(금리 4%일 경우) → 800만원

임차보증금 5000만원

월 임차료 200만원

$$\text{상가수익률} \quad = \quad \frac{(200\text{만원} \times 12\text{개월}) - 800\text{만원}}{5\text{억원} - (5000\text{만원} + 2\text{억원})} \times 100$$

수익률은? 6.4%이다.

위 계산방법은 통상적으로 사용하고 있고 분양사무실에서 소개하는 수익률이다. 단순히 위에 계산방식으로 보면 수익률이 6.4%라고 생각한다.

[분양사무실에서 소개하는 상가수익률 홍보 예]

구분		대출 시	미대출 시	비 고
전용면적(평)				평
분양면적(평)		예 시		평
평단가		27,000,000		원
분양가		600,000,000	600,000,000	부가세 별도
대출금		300,000,000		분양가의 50%
임대보증금		50,000,000	50,000,000	
실투자금		250,000,000	550,000,000	
월 임대료	월	2,700,000	2,700,000	
	년	32,400,000	32,400,000	
대출이자	월	1,000,000	0	연 4% 기준
	년	12,000,000	0	
임대수익	월	1,700,000	2,700,000	
	년	20,400,000	32,400,000	
수익율		8.16	5.89	%

하지만 상가를 매매하게 되면 취등록세 4.6%(취득세 4%, 농어촌특별세 0.2%, 지방교육세 0.4%), 법무사 수수료(등기), 중개수수료 발생 등 제반 비용 등이 발생한다. 이 외에도 추가적으로 매년 재산세, 토지세 납부도 해야 한다.

5억원이면 취등록세는(공시지가, 매매가 중 높은 것을 반영) 2300만원 이 발생한다. 취득세를 매매가에 반영하면 수익률이 6.4%에서 5.8%로 떨어지게 된다.

또 한 가지 주의해야 할 것은 상가를 취득하게 되면 지역 건강보험료 가입자는 사업소득 이외에도 자동차, 부동산 등 재산을 평가해 보험료를 산정하기 때문에 상가 취득으로 인한 재산증가로 인해 건강보험료가 인상되는 점도 인지하고 있어야 한다. 이 부분도 사전에 확인하여 수익률에 반영해야 실질적인 수익률을 산정할 수 있다.

경기가 나쁘지 않은 시기에는 상가 수익률을 5% 이상으로도 설정하여 매매가 이루어졌으나, 최근 경기악화로 공실 발생률이 상승하고, 금리도 하락하면서 수익률 4% 전후를 거래 가능한 기준으로 삼는 경우가 많아졌다.

상가 투자에 관심 있다면, 상가수익률 계산 시 방금 언급한 다양한 항목에 대한 비용까지 반영하여 실질적으로 수익이 어느 정도일지에 대한 분석을 면밀히 해 보는 것을 권하고 싶다. 당분간 코로나 19로 인한 상업용 부동산 경기는 더욱 악화될 것으로 예상되고, 본격적인 언택트 시대로 진입하며, 상업시설 임대 트렌드도 상당히 많은 변화가 일어날 것이다. 앞으로도 투자 대비 높은 임대수익이 중요하겠지만, 이와 더불어 상가 임대 방식의 변화도 관심을 갖고 있어야 한다.

예를 들어, **월단위가 아닌, 일단위, 주단위 계약 등의 단기 계약** 또는 시간당 공간대여 등 다양한 임대방식의 전환 등도 고민해야 급변하는 상가 부동산 시장의 위기에서 돌파구가 될 수 있을 것이다.

상가매매, 분양광고를 보면
'대출 시 수익률'은 왜 쓰는 걸까?

레버리지 효과라 보면 된다

레버리지 효과란 차입금 등 타인 자본을 지렛대로 삼아 자기자본이익률을 높이는 것으로 '지렛대 효과'라고도 한다. 수익형 부동산들은 일반적으로 현금 투자하게 되면, 수익률이 대출 금리보다 높기 때문에 '수익률 - 금리'의 갭만큼 대출을 받았을 때 수익성이 좋아지는 것을 의미하며, 추가적으로 투자 원금이 낮아진다는 이점이 있다.

반대로 현금 수익률이 은행 금리보다 낮으면 대출을 낄수록 손해가 발생한다. 현금 수익률 4.5% / 금리 3% / 6억원짜리 상가 물건에 50% 대출을 끼고 투자하면 ① 실 투자금은 3억원으로 줄어들고, ② 대출을 받은 3억원만큼에 대해 1.5%(4.5% - 3%)만큼의 이득이 생기는 구조이다.

상가의 경우, **상권 분석이 충분히 이루어진 후, 투자를 진행한다면** 그만큼 공실 발생확률이 낮아질 수 있어 대출에 대한 리스크도 감소한다. 50% 대출이라 가정하면 같은 투자금을 2개의 물건으로 분산해서 투자할 수 있기에 공실로 인한 리스크를 줄일 수 있다는 장점이 있다.

하지만 투자한 상가의 공실이 발생한다면 **관리비 + 은행 대출이자 부담**까지 더해져 손실이 크게 발생할 수 있기 때문에 개인의 자금 여력 및 공실 시 감당할 수 있는 여력 등을 충분히 고려한 후, 대출을 받는 것이 좋다.

필자는 상가 투자를 생각한다면 처음에는 1억원 내외의 소형상가부터 투자할 것을 권한다. 상가투자가 다른 부분에 신경 쓸 거 없이 임대료만 매월 정기적으로 받으면 좋겠지만, 임대가 시작 된 이후 크고 작은 다양한 일들이 발생한다. 공실이 발생할 수도 있고, 임차인이 갑자기 영업하다가 잠적하기도 한다. 또한, 임대료 연체로 인하여 계약해지를 하는 경우도 종종 있다.

그렇기 때문에 처음에는 금전적 부담이 상대적으로 적은 소형상가부터 경험하고 향후 단계적으로 고액상가에 투자하게 되면, 그만큼 리스크 및 시행착오를 줄일 수 있다.

[상가 분양 광고 관련 부당 광고 유형 및 사례]

광고 유형 순	부당광고 유형	광고사례
1	수익성보장	연 수익률 15% 이상가능 주변상가 시세대비 파격적 분양가 (분양 시점부터 시세차익 발생)
2	상권보장	일 방문객 4만명 이상 단 하나의 초대형 테마쇼핑 시티 유입인구 400만 이상
3	분양현황	유명브랜드 입점 초대형 영화관 입점확정 개인 등기 분양의 마지막 기회
4	대출	중도금 50% 무이자 대출 대출금 확정(분양가격의 70%)
5	거래조건	임대 100% 보장 임점업체 100% 확보
6	가격 , 분양면적	주변 상가의 60% 수준 파격적 분양가 월 100만원으로 명도 최고상권의 주인이 되십쇼
7	교통환경	여의도 최고의 마지막 상가 각종 행사 및 근린생활시설 상권 내 절대부족

[분양상가 광고 예]

무조건 돈 되는
상가 분양 INFO.

✔ 선임대 완료 , 바로 확정수입 지급
건대입구 먹자라인 1층 A급상가

면적	17.12평(전용)/33.68평(계약)
대출	60% 실행가능
임차인업종	요식업(분식)
예상임대조건	보증금 5천만/월세410만/5년
실투자금	3억원대
투자 수익률	6.55%

5
Step

상가 취득부터 매매까지
부과되는 세금은?

상가를 취득할 때 납부하는 세금

1) 취득록세

아파트, 주택 등과 마찬가지로 **상가도 취득 시**에 세금이 발생한다. 그
렇다면 상가 취득록세는 어떻게 될까? 주택의 경우 취득록세가 1.1%에서
다주택일 경우 상황에 따라 8~12% 차등적용된다.

[주택 취득세 요율]

구 분	1주택	2주택	3주택	법인·4주택~
조정대상지역	1~3%	8% ※ 일시적 2주택 제외	12%	12%
非조정대상지역	1~3%	1~3%	8%	12%

상가 취득록세는 취득가액과 관계없이 일률적으로 4.6%로 적용된다.

(개인사업자, 법인사업자 모두 상가취득세는 보유 수와 관계없이 4.6%
로 일률적이다)

구분	취득세	농어촌특별세	지방교육세	총계
과세 기준	매매가의 4%	취득세율 1/2의 10%	취득세율 1/2의 20%	-
원칙적인 세율	4%	0.2%(2%×10%)	0.4%(2%×20%)	4.6%

거래가격이 5억원이라 하면 취등록세는 5억원 × 4.6% = 2300만원이 발생한다.

※ 매매로 상가를 취득하는 경우 취등록세는 취득 당시의 **가액(거래금 액)**으로 한다. 다만, 신고금액이 시가표준액보다 적을 때에는 시가표준액 으로 한다.

주택 취득세와 마찬가지로 상가 취등록세도 **잔금일, 등기일 중 빠른 날 로부터 60일 이내에** 해당 구청이나 지자체에 납부하면 된다. 60일 경과되 면 과태료가 부과되니, 주의해야 한다.

2) 부가가치세

신축상가 분양을 받는 경우 계약금, 잔금 이외에도 취등록세, 초기 선수 관리비, 부가세 등 초기에 들어가는 비용이 상당히 많다. 이러한 경우, 부 가세 조기환급을 신청하여 환급받는다면 자금조달에 숨통이 트일 수 있 다.

그렇다면 부가가치세 조기환급에 대해 알아보자. 상가분양가는 토지비 + **건물비** + 부가가치세를 합한 금액이며, 부가가치세는 **상가 건물 분(토지는 부가가치세 면제)에 대해 부가가치세 10%가 부과**된다.

상가분양가	토지분양가	건물분양가
5억원	1억원	4억원

* 건물분양가 4억원에 대한 부가세 10% → 4000만원

상가분양가는 5억 4000만원이 된다. 건물에 대해 발생한 부가가치세 4000만원은 환급받을 수 있다. 부가세를 환급받으려면 무엇을 준비해야 할까?

 ▶ **환급을 받으려면 분양계약 후 20일 이내에 사업자등록을 해야 하며 반드시 일반과세자로 사업자를 발급받아야 한다.**

예를 들면, 시행사가 2019년 10월 3일에 세금계산서를 발행하였다. 분양주는 다음 달인 11월 25일까지 조기환급을 신청하면 익월인 12월 10일 내로 환급이 가능하다. 조기환급 미 신청 시 2020년 1월에 부가가치세를 신고하면 다음달인 2월 28일 내로 환급이 된다.

 조기환급 신고는 매월 또는 예정신고기간 단위로 신고할 수 있으며, 조기환급 신고기간(매월 또는 예정신고기간)이 끝난 날부터 25일 이내에 조기환급 신고를 해야 한다. 부가가치세 조기환급 신고를 하면 각 조기환급 신고기간별로 그 신고기한이 지난 후 **15일 이내 환급을 받을 수 있다.**

Tip

부가가치세 조기환급 시 주의사항
10년 간 일반과세자로 사업자를 유지해야 한다.
10년 기간 내에 폐업하거나 간이과세자로 전환한다면 환급받은 부가가치세를 납부해야 한다.
만약, 10년 이내에 상가임대사업자를 매도인에게 승계하는 경우는 부가가치세 납부 면제된다

1년간 매출액이 8000만원 미만이 되면 간이과세자로 변경통지를 받게 되는데 이 경우에는 '간이과세자 포기신고'를 하면 일반과세자로 사업자를 유지할 수 있다.

상가 계약금 지급일부터 잔금일 납부 잔여기간이 6개월 미만인 경우 잔금지급일에 건물에 대한 분양가 부가가치세 전액에 대해 조기환급신청이 가능하고 계약금 지급일부터 잔금일 납부 잔여기간이 6개월 이상인 경우 계약금, 중도금, 잔금을 납부할 때마다 **중간조기환급**이 가능하다.

상가를 보유 중일 때 납부하는 세금

상가도 주택처럼 보유하고 있을 경우, 납부해야 되는 세금이 있는데 이를 보유세라고 한다. 상가 보유세에는 **재산세, 종합부동산세, 부가가치세**가 있다. 주택은 부가세를 내지 않지만 상가는 사업을 목적으로 하는 건물이기 때문에 부가가치세가 발생한다.

1) 재산세

재산세는 상가 건물과 그 건물의 토지에 각각 부과된다. **건물에 대한 재산세는 7월 16일~7월 31일, 건물의 토지에 대한 재산세는 9월 16일~9월 31일에 납부하여야 한다**(은행, 위택스(www.wetax.go.kr)에서 납부 가능).

주택은 건물재산세가 7월, 9월 나누어서 부과되지만(재산세 20만원 미만인 경우 한 번에 부과) 상가, 오피스텔 등의 건축물은 7월 한 번에 부과된다.

　재산세는 매년 6월 1일 기준으로 소유권이 누구에게 있느냐에 따라 재산세가 부과된다. 5월 31일 매도하였으면 재산세는 매수자가 부담하게 되고 6월 2일 매도하였으면 매도자가 재산세를 부과받게 된다. **6월 1일자에 걸쳐 있는 경우에는 6월 1일자 소유권이 누구에 있느냐에 따라 납세자가 결정된다(★기준일 산정은 잔금일, 소유권이전등기 중 빠른 날로 결정).**

　상가 재산세는 '과세표준 × 세율'로 산정한다. 재산세 대상은 건물과 토지를 구분하다 보니 구하는 산식이 각각 상이하다.

과세대상	과세표준	세율	누진공제
건축물	골프장·고급오락장	4.0%	-
	공장용 건축물	0.50%	-
	기타 건축물	0.25%	상가, 사무실 등

상가 재산세 계산
건물 재산세 = [시가표준액 × 공정시장가액비율(70%) × **0.25%**
토지 재산세 = [공시지가 × 공정시장가액비율(70%) × 0.2~0.4%

* 공정시장가액비율

과세표준을 정할 때 적용하는 공시가격의 비율을 말한다.

2009년 5월 21일의 개정안부터 공정시장가액비율을 토지 및 건축물은
시가표준액의 70%로, 주택은 시가표준액의 60%로 정하고 있다.

건물 재산세는 지역별 건설비와 감가상각비를 감안하여 시가표준액을
산정한다. 시가표준액은 지방세이므로 위택스(www.wetax.go.kr)에서
조회가 가능하다.

[시가표준액 조회방법]

나의 위택스	지방세정보	위택스안내	공무원대행신고
·나의 위택스	·지방세안내	·이용안내	·공무원대행신청
·납부확인서보관함	·지방세란	·회원가입	·공무원대행신청
·예약납부결과확인	·전국세무부서찾기	·납부방법안내	·공무원대행신청확인
·고지서 전자사서함	·지방세미리계산해보기	·공지사항	·등록면허세(등록분)
·문자알림신청현황	·시가표준액조회	·자주묻는질문	·등록면허세(면허분)
·압류내역	·지방세자료실	·온라인설문	·지역자원시설세
·회원정보변경	·지방세법개정안내	·통합검색	·신고내역 조회
·상하수도 수용가번호등록	·온낙찰산 신고	·이메일문의	·수납정보 조회
·고지서 송달장소신고		·설치프로그램안내	·전자신고 통계
		·이용약관	·수납정보 통계
		·개인정보처리방침	·지방소득세 공무원인증
		·공안인증센터	

🏠 > 지방세정보 ⊙ > 시가표준액조회 ⊙

시가표준액조회

건축물 시가표준액 조회 회원권 시가표준액 조회

· 단독/공동주택을 제외한 일반건축물(상가, 오피스텔 등)에 대해서만 조회가 가능합니다.
· **매년 1월1일 기준자료이며, 수시조정기준에 따라 시가표준액이 변경될 수 있습니다.**
· 해당조회 결과는 당해연도 재산세 산출시에 활용한 금액이므로 취득세 과세표준으로 활용하기에 적합하지 않을 수 있습니다.
· 건물 동이 아래와 같이 특수번지인 경우 상세도움말을 참고하여 조회하세요.
· 예 'A', 'B'_'가', '나'_지층: 자층1_ 등
· * 는 필수 입력항목 입니다.

| 건축물 주소검색 | ⦿ 기존건물 ○ 신축건물 |

자치단체 *
[선택 ▾] [선택 ▾] [선택 ▾]

특수번지 *
[선택 ▾]

본번지 *   부번지
[   ]   [   ]

건물 동   건물 호
[   ]   [   ]

[토지 과세표준에 따른 세율(사무실, 상가 일반영업용 건축물 부속토지)]

과세표준	세율
2억원 이하	0.2%
2억원 초과 10억원 이하	40만원 + 2억원 초과금액의 0.3%
10억원 초과	280만원 + 10억원 초과금액의 0.4%

[토지 공시지가 조회방법]

국토교통부_부동산 공시가격 알리미

재산세 외에 추가적으로 부담하는 세금이 있다.

[재산세 납부 영수증_예시]

납부기관		납부일	

◎ 납부내역

납부자명		세목	재산세
전자납부번호		거래일시	
청구기관		납기내일자	2020.07.31
납부금액	406,800원	납기후일자	2020.08.31

세목	본세	도시계획세	공동시설세/농특세 /지역자원시설세	지방교육세
금액	189,000원	156,240원	23,760 원	37,800 원

과세표준	과세대상
223,200,000	

납부영수증을 보면 본세가 재산세 의미로 통용되며, 추가적으로 도시
계획세(도시지역분), 지역자원시설세, 지방교육세가 부과된다.

도시계획세(도시지역분)는

과세표준액(223,200,000원) × 0.14% = 312,480원(7월 156,240원 9월 156,240원 부과)

지방교육세는 (재산세) 본세 189,000원 × 20% = 37,800원 부과된다.

지역자원시설세는 복잡하지만 일반건축물 기준으로 소방관련 세금이라 생각하면 된다.

[지역자원시설세 과세기준]

구분	과세대상	과세표준	세율	비고
지역자원시설세	건축물	600만원 이하	0.04%	화재 위험 건축물은 당해 세율의 2배 중과세
		1,300만원 이하	2,400원+600만원 초과금액의 0.05%	
		2,600만원 이하	5,900원+1,300만원 초과금액의 0.06%	
		3,900만원 이하	13,700원+2,600만원 초과금액의 0.08%	
		6,400만원 이하	24,100원+3,900만원 초과금액의 0.10%	
		6,400만원 초과	49,100원+6,400만원 초과금액의 0.12%	

4층 이상 10층 이하의 건축물은 화재위험에 따른 지역자원시설세가 2배 중과세되며, 대형마트, 백화점 등 11층 이상의 건물은 3배 중과세된다. 지역자원시설세는 시별로 산정이 상이하므로 지역별로 담당 세무서에 확인해 보는 것이 좋다.

★★재산세는 부담상한선이 있다★★

시가표준액이 몇 배 상승했다고 해서 절대적으로 세금이 증가하는 것이 아니라 토지와 건축물 **재산세는 직전년도 대비 150%가 상한선**이다.

예를 들어, 2020년 재산세가 40만원이고 2021년 과세표준기준 80만원이 재산세가 산정되면 2021년 재산세 과세액은 60만원(40만원의 150% 상한선)이 된다. 즉, 상한선 150%와 당해년도 재산세 산정액 중 작은 금액이 세금 기준이 된다.

참고로 주택은 공시가격에 따른 상한선이 산정되는데 주택 공시지가가 3억원 이하 105%, 3억원 초과~6억원 이하 110%, 6억원 초과이면 130%가 재산세 상한선이 된다.

마지막으로 재산세 납부 연체 시 0.75%의 가산세가 부과되므로 건축물에 대한 재산세는 7월, 토지분 재산세는 9월 납기일 내 납부가 되어야 한다.

2) 종합부동산세

종합부동산세는 과세기준일이 매년 6월 1일로 재산세와 동일하다. 국내에 소재한 재산세 과세대상인 주택 및 토지를 유형별로 구분하여 인별 합산하며 공시가격 합계액이 각 유형별로 공제금액을 초과하는 경우 초과 분에 대하여 과세하는 세금이다.

1차 재산세는 부동산 소재지 관할 시, 군, 구에서 부과되며 **2차 종합소득세**는 주소지(본점 소재지) 관할세무서에서 부과된다.

종합부동산세는 건물에 포함된 토지의 공시지가가 80억원 이상일 때 부과되는 세금이다. 세금을 부과할 때에는 공시가격(시세보다 30~40%가량 낮게 책정)으로 책정하기 때문에 80억이 넘는 상가들은 일반투자자가 접근하기 어렵다. 종합부동산세는 간단한 산식 정도만 이해하면 된다. 정부는 공정시정가액 비율을 매년 인상하여 2022년부터는 100% 현실화 할 예정이다.

[공정시장가액비율]

2018년	2019년	2020년	2021년	2022년
80%	85%	90%	95%	100%

과세표준 = [공시가격(기준시가 합계) - 공제금액] × 공정시장가액비율

유형별 과세대상	과세표준
주택(주택부속토지 포함)	(기준시가 합계 - 6억원(9억원)) × 90%
종합합산토지	(기준시가 합계 - 5억원) × 90%
별도합산 토지(상가, 사무실 부속토지 등)	(기준시가 합계 - 80억원) × 90%

종합부동산세 = 과세표준 × 과세표준 구간별 세율

상가(별도합산토지분)		
과세표준	세율	누진공제
200억원 이하	0.5%	-
400억원 이하	0.6%	2000만원
400억원 초과	0.7%	6000만원

3) 부가가치세

부가가치세는 임대 소득과 관련해서 납부하는 세금이다. 주택과 다르게 상가는 사업용 목적이기 때문에 부가가치세를 내야 한다. 임차인이 지급하는 임대료의 10%에 대해서만 내는 것이 아니며 **보증금에 대한 부가가치세도 세무서에 납부하여야 한다.**

보증금에 대한 부가가치세를 납부하는 이유는 임차인의 보증금에 대한 이자 수익이 발생하기 때문이다. 보증금에 대한 이자율은 국세청장이 고시한다.

부가가치세 계산법은

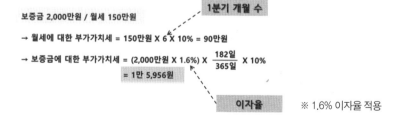

보증금 2,000만원 / 월세 150만원

→ 월세에 대한 부가가치세 = 150만원 X 6 X 10% = 90만원

1분기 개월 수

→ 보증금에 대한 부가가치세 = (2,000만원 X 1.6%) X $\frac{182일}{365일}$ X 10%

= 1만 5,956원

이자율   ※ 1.6% 이자율 적용

부가가치세는 1년에 2번 관할세무서 및 국세청홈택스(www.hometax.go.kr)에 납부하면 된다.

과세기간	과세대상기간		신고납부기간	신고대상자
제1기 1.1~6.30	예정신고	1.1~3.31	4.1~4.25	법인사업자
	확정신고	1.1~6.30	7.1~7.25	법인·개인일반 사업자
제2기 7.1~12.31	예정신고	7.1~9.30	10.1~10.25	법인사업자
	확정신고	7.1~12.31	다음해 1.1~1.25	법인·개인일반 사업자

1기와 2기의 부가가치세 적용된 임대보증금 이자율이 같다면 같은 금액을 지급하면 되고 변동이 있다면 변동된 이자율로 부가가치세를 내면 된다.

4) 임대소득세

기본적인 임대소득의 계산방법(상업용 부동산 기준)은 '총 부동산임대소득 = 연간 총 임대수입 - 필요경비'다. 연간 총 임대수입에는 임대료 + 간주임대료 + 관리비가 포함된다.

※ 간주임대료란?

임대보증금에 대해 매년 국세청장이 고시하는 이자율(2020년도는 1.2%)을 임대수입으로 산정하여 과세한다. 주택임대 소득에는 월세보증금, 전세보증금은 소득세로 산정하지 않는다(개정 이후 3주택 이상의 다주택자 중 보증금 합이 3억원 이상에 **해당되면** 소득세가 부과된다). 개인 (임대)사업자는 임대소득 구간에 따라 6~42% 누진세율이 적용, 임대소득이 연 5억원 초과 시 42%의 소득세가 부과된다.

[종합소득 세율]

세율 등		
과세표준	세율	누진공제
1,200만원 이하	6%	-
1,200만원 초과 ~ 4,600만원 이하	15%	108만원
4,600만원 초과 ~ 8,800만원 이하	24%	522만원
8,800만원 초과 ~ 15,000만원 이하	35%	1,490만원
15,000만원 초과 ~ 30,000만원 이하	38%	1,940만원
30,000만원 초과 ~50,000만원 이하	40%	2,540만원
50,000만원 초과 ~	42%	3,540만원

※ **주택**은 연 임대소득이 2000만원 이상일 경우 종합과세되며, 2000만원 이하일 경우 분리과세된다. 쉽게 말해, 임대소득이 2000만원 이상이면 기존 근로소득에 임대소득이 합산된다고 생각하면 된다. **하지만 상가는 소득금액에 상관없이 종합소득으로 합산과세된다.**

임대소득금액이 커지면 법인사업자로 전환을 고려하기도 한다. 법인

사업자일 경우 소득세가 법인 과세표준 10~25%로 부과되며, 연 2억원 초과 시 20%가 부과된다. 법인사업자는 사업자 대표 급여도 비용에 포함되므로 법인 과세소득을 절감할 수 있다. 임대소득이 큰 경우 개인사업자에 비해 법인사업자의 장점이 많을 수 있지만, 향후 양도소득세 및 법인자금 운영 등 복잡한 부분이 많아 세무전문가와 상담 후 진행하는 것이 좋다.

상가를 매매할 때 납부하는 세금

1) 양도소득세

상가 투자자들 중에는 장기적으로 안정적인 임대수익을 고려하는 투자자도 많지만, 부동산이 투자라는 개념이 높기 때문에 매입한 금액보다 높은 금액으로 매매해서 시세차익을 거두려고 하는 투자자도 많다. 이런 사람들이 가장 관심을 갖는 부분이 양도소득세이다.

양도소득세는 매입할 당시의 금액보다 높은 가격으로 매각 시 차익에 대해 부과하는 세금이다. 아래 그림은 상가 보유연도별 양도소득세 세율이다.

보유기간		세율	
1년 미만		50%	
2년 미만		40%	
2년 이상	과세 표준	세율	누진공제액
	1,200만원 이하	6%	-
	1,200만원 초과 - 4,600만원 이하	15%	108만원
	4,600만원 초과 - 8,800만원 이하	24%	522만원
	8,800만원 초과 - 1억 5천만원 이하	35%	1490만원
	1억 5천만원 초과-	38%	1940만원

* 단, 세율 적용 시 분양권의 보유기간은 분양권상태에서 매도한 경우만 인정되며 완성 후 매도 시에는 분양받은 사람의 상가로 보는 시점부터 보유기간을 산정해 세율을 적용하므로 주의해야 한다.

상가도 주택처럼 장기보유 시 **장기보유특별공제**가 적용된다.

보유기간	세율
3년 이상 ~ 4년 미만	10%
4년 이상 ~ 5년 미만	12%
5년 이상 ~ 6년 미만	15%
6년 이상 ~ 7년 미만	18%
7년 이상 ~ 8년 미만	21%
8년 이상 ~ 9년 미만	24%
9년 이상 ~ 10년 미만	27%
10년 이상	30%

양도소득세 계산산식은
양도차익 = 양도(매매)가액 - 취득가액 - 기타필요경비
양도소득금액 = 양도차익 - 장기보유특별공제
과세표준 = 양도소득금액 - 양도소득기본공제

※ 양도소득기본공제는 년 1회 250만원

양도소득세 = [[과세표준 × 누진세율(6~38%)] - 누진공제] + 지방세

[양도소득세 계산 예시]

보유기간	3년	장기보유특별공제 10% 반영
양도가액	300,000,000	
취득가액(-)	200,000,000	
필요경비(-)	10,000,000	취득가액의 5% 임의적용
양도차익	90,000,000	
장기보유특별공제(-)	9,000,000	양도차익 X 장기보유특별공제(10%)
양도소득금액	81,000,000	
기본공제(-)	2,500,000	
과세표준	78,500,000	
세율 24%	18,840,000	
누진공제(-)	5,220,000	
양도소득세	13,620,000	
지방소득세 10%	1,362,000	지방소득세 = 양도소득세 ×10%
총 확정세액	14,982,000	

2년 미만 보유 후, 매각 시에는 40~50%의 세금이 부과되기 때문에 가급적이면 3년 이상 보유 후 매각하는 것이 좋다. 또한 양도소득 시 감면을 위해 필요경비인 중개수수료, 인테리어비용, 법무사비용 등도 공제대상이므로 사전에 꼼꼼히 챙겨 두면 세금혜택을 볼 수 있다.

추가적으로 기본공제 250만원은 1년에 1회 적용되기 때문에 여러 개의 상가 보유자라면 1년에 한 개씩 매매를 해야 기본공제 혜택을 적용받을 수 있다.

2) 부가가치세

상가매매 시 양도소득세 외에 부가가치세도 부과된다. 실제거래가액 중에서 건물 분에 대해서만 10%를 과세한다. 토지는 면세이므로 부가가치세가 적용되지 않는다.

기존의 구축상가 매매계약을 체결 시 공인중개사가 부가가치세에 대한 부분을 놓쳐서 분쟁이 벌어지는 경우가 종종 있다. 상가 계약 시 매도인과 매수인이 중 누가 부담할지에 대해 사전에 결정해야 한다. 만약 부가세 납부에 대한 의견이 좁혀지지 않을 경우 **포괄양수도계약서**를 작성하면 부가세를 별도 작성하지 않아도 된다.

포괄양수도계약서를 별도로 작성하거나 매매계약서의 특약 사항란에 포괄적 승계조항을 기입하면 된다. 매매계약 체결 시, 전문가를 통해 부가가치세 금액이 얼마이고, 누가 부담할 것인지도 명확히 한 다음 계약을 해야 향후 분쟁소지를 예방할 수 있다.

상가 매입 후 세무서에서
자금출처에 대해 연락이 온다?

상가를 구입 후 세무서에서 자금출처에 대해 연락이 올 수 있다.

1) 자금출처조사

소득이 불안정하거나 금융출처에 대한 내용이 불확실한 경우에 진행되었고 과거부터 꾸준히 진행해 왔다. 최근 부동산 가격 급등 및 고가주택이 늘어나면서, 자금출처조사 기준이 과거보다 강화되고 있다. 주택 자금조사출처조사와 마찬가지로 상가 매입도 과거보다는 조사가 한층 강화되었다.

상가, 주택, 토지 등 부동산을 매입할 때 재산을 취득한 자의 연령, 소득, 직업을 고려하여 취득한 재산이 본인의 자금력으로 취득했다고 보기어렵다고 판단될 때 어떻게 취득했는지 자금출처를 조사하는 일이다.

2) 자금출처조사대상

불특정 다수가 아닌 정해져 있는 자금출처조사 면제 기준에 따라 본인의 자금력으로 취득했다고 보기 어려울 때 조사가 필요하다고 판단되는 대상으로 한다.

3) 자금출처면제기준

과세표준		취득재산		채무상환	총액한도
		주택	기타재산		
세대주	30세 이상	2억원	5천만원	5천만원	2억 5천만원
	40세 이상	4억원	1억원		5억원
비세대주	30세 이상	1억원	5천만원	5천만원	1억 5천만원
	40세 이상	2억원	1억원		3억원
30세 미만		5천만원	3천만원	3천만원	8천만원

※ 상가는 토지처럼 기타재산으로 간주한다.

위 금액은 매번 재산을 취득하는 시점을 기준으로 하는 것이 아니라 최종 취득일로부터 소급하여 10년 이내에 취득한 재산합계액을 기준으로 한다. 면제 기준에 충족되지 않아 자금출처 관련해서 연락이 왔다면 자금출처로 인정되는 항목을 준비해야 한다.

4) 자금조달계획서

현행법에서는 부동산 거래가 발생하면 계약체결일로부터 **30일 이내**
(2020.02.21. 변경시행: 60일 → 30일)에 거래신고를 하게 되어 있다.

5) 자금조달계획서 신고항목

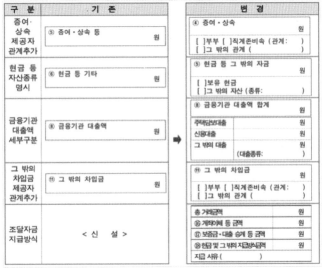

[출처 국토교통부]

6) 자금조달계획서 및 기재 항목별 증빙자료

항 목 별		증빙자료
자기 자금	금융기관 예금액	예금잔액증명서 등
	주식·채권 매각대금	주식거래내역서, 잔고증명서 등
	증여·상속	증여·상속세 신고서, 납세증명서 등
	현금 등 그 밖의 자금	소득금액증명원, 근로소득원천징수영수증 등 소득 증빙 서류
	부동산 처분대금 등	부동산매매계약서, 부동산임대차계약서 등
차입금등	금융기관 대출액 합계	금융거래확인서, 부채증명서, 금융기관 대출신청서 등
	임대보증금 등	부동산임대차계약서
	회사지원금·사채 등 또는 그 밖의 차입금	금전 차용을 증빙할 수 있는 서류 등

[출처 국토교통부]

구입자금의 출처를 스스로 입증(자금 입증은 취득금액의 80% 이상까지 입증하면 됨)해야 하며 그렇지 못할 경우, 본 세금이 적용되는 것은 물론 정산 신고 때보다 20% 이상 세금이 추징된다.

※ 자금조달 항목이 아직 실행되지 않은 부동산의 매각, 증여·상속, 차입 등의 계획은 기재는 하되 증빙자료를 제출하지 않을 수도 있다. 다만, 거래 완료 이후에 국토교통부(또는 신고관청)가 제출을 요청하면 이에 응해야 하므로 편법으로 활용해서는 안 된다.

증빙자료를 제출하지 않을 경우 관련법 위반으로 **500만원의 과태료** 처분대상이 되므로 유의해야 한다. 세금 신고 누락 시 지금은 아닐지라도 향후에라도 과태료가 부과되는 사안이 빈번하므로 정도에 맞춰 신고하기를 권한다.

6
Step

신축상가의 모든 것

시행사, 시공사, 신탁사, 분양대행사가 뭘까?

시행사는 부지에 아파트, 오피스텔, 상업시설, 지식산업센터 등 건물을 건축한 후 분양까지 전체의 흐름을 조정하는 업체를 말한다. 건축할 때 필요한 행정, 법적인 부분을 책임지고 입주할 때까지의 모든 과정을 담당한다.

시공사는 시행사로부터 건물공사를 위탁, 수주를 받아 공사하는 업체를 말하는데 건설업 면허를 보유해야 하며 건설회사, 법인회사로 구분되는데 비교하면 GS건설, 한화건설 같은 회사들이 시공사가 된다.

건축을 마무리하는 것이 주된 업무로써 건축 이외의 업무는 법적 책임을 지지 않는다. 즉, 분양주와 법적인 책임관계는 없다. 시행사는 시공사 부도 등 문제 발생 시 시공사 교체를 진행할 수 있다.

신탁사는 소유권을 위탁받아 관리하는 회사를 일컫는데, 건설에 필요한 자금을 관리하고 보증을 해 주는 역할을 담당한다. 과거에는 시행사가 직접 관리하고 분양사업을 진행하였지만 횡령, 도덕적 해이 등의 문제 발생으로 소비자의 피해를 방지하기 위해 신탁사를 안전장치로 두고 있다. 분양계약을 한 후 지불한 금액이 시행사로 입금되는 것이 아니라 신탁사로 입금되어 계약금 관리 및 보증업무를 진행한다. 금전적인 문제가 발생하는 경우에는 신탁사를 통해 피해보상을 받을 수 있다.

분양대행사는 시행사와 파트너 관계인데 신축건물의 효율적인 분양을 위한 분양전문회사이다. 모델하우스, 홍보관을 운영하는 업체를 분양대행사라고 생각하면 이해가 빠를 것이다. 모델하우스나 홍보관에서 일하는 직원들은 분양대행사 소속이다. 분양대행사는 분양 계약 실무를 담당하지만 계약에 따른 문제가 발생하면 시행사가 책임진다.

  시행사가 분양대행사를 고용하지 않고 직접 분양을 맡아서 하는 경우와 시행사와 시공사가 분양을 책임지는 것을 **책임분양**이라고 한다.

  분양대행사는 계약 건수에 따라 수수료가 달라지기 때문에 과장된 광고를 하는 경우가 빈번하다.

분양 대행사 대표의 폭로 "모델하우스 방문객수, 절반은 거짓말"

최근 수도권에서 분양한 한 아파트 단지 모델하우스 주변에 입장을 기다리는 줄이 길게 늘어서 있다.
한경DB

"모델하우스에 수만 명이 다녀갔다는 말은 대부분 거짓말입니다."

"스타벅스 입점시켜주겠다"...상가 분양 사기 시행사 대표 실형

스타벅스 커피숍을 입점시켜주겠다며 신축 상가 분양 계약금을 받아 채무변제 등에 사용한 시행사 대표가 실형을 선고받았다.

대전지법 제11형사부(재판장 김용찬)는 사기 혐의 등으로 기소된 시행사 대표 A씨(40대)에게 징역 4년을 선고했다.

또 배상신청인에게 편취금 5억7000여만 원을 지급하라고 명령했다.

이러한 과장광고가 많기 때문에 분양을 받기 전 충분한 검토가 필요하다.

[시행사, 시공사, 신탁사, 분양대행사]

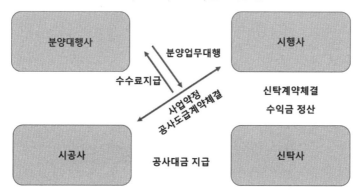

상가 분양가격 산정 방법은?

1) 분양가 산정 작업

상가 분양가 산정작업은 이미 상가 전체의 분양가는 확정이 된 상황에서 각 상가의 입지, 층수에 따라 분양가를 차등적으로 적용하는 업무이다. 분양계약이 빠른 시일 내 이루어질 가능성이 있는 위치의 상가는 분양가를 상향하고, 시일이 걸릴 것으로 예상되는 위치의 상가는 분양가를 하향하여 전체 상가의 분양이 원활하게 이루어지도록 유도하는 작업이다.

[분양가 산정]

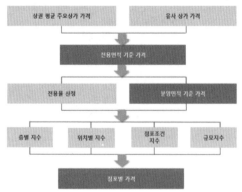

상권 내 평균 주요상가 가격과 유사한 기준으로 큰 틀의 분양가를 산정한다.

[임대가 산정]

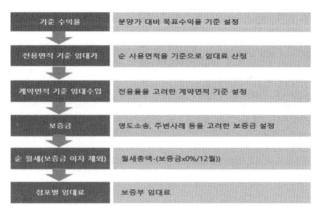

기준 수익율	분양가 대비 목표수익율 기준 설정
전용면적 기준 임대가	순 사용면적을 기준으로 임대료 산정
계약면적 기준 임대수입	전용율을 고려한 계약면적 기준 설정
보증금	명도소송, 주변사례 등을 고려한 보증금 설정
순 월세(보증금 이자 제외)	월세총액-(보증금x0%/12월))
점포별 임대료	보증부 임대료

큰 틀에서 분양가와 임대가를 산정한 후에 개별 상가들의 접근성, 위치(코너 또는 일면), 가시성, 노출도 등에 따라 분양가를 차등한다.

2) 입지별 분양가 산정 방식

각 층별로 개별 상가들의 입지 등급을 3~5가지 정도로 나눈다. 그리고 이를 토대로 면적당 분양가격을 차등 적용한다.

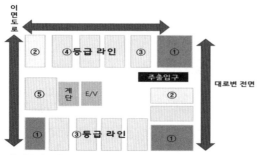

[근린시설 위치별 차등구분]

① 대로변 노출도 및 코너 가시성, 접근성 우수
② 주 출입구 기준 접근동선은 우수하나 전면 협소 및 일면으로 가시성 저하
③ 건물 내 입점 시 고객 동선은 좌회전 하는 빈도가 높아 4등급 라인보다 동선우위
④ 4등급라인에 F&B 밀집이 되어 있다면 건물 내 엘리베이터 이용 고객 접근성 우수하여
    3등급 라인보다 우위도 가능(3등급,4등급 기준은 입점업체 구성에 따려 변동 가능)
⑤ 접근성, 가시성 및 주변 계단 등 방해요소가 높아 점포가치 낮음
참고로, 백화점,Mall 기준으로 에스컬레이터 하행선에 노출되는 매장이 입지 우수

　

등급 선정 시 고려해야 되는 내용은 향후 상가를 이용할 고객입장에서 보는 것이 중요하다. 대로변 노출, 코너 또는 건물 출입구 옆 등 접근성과 가시성이 좋은 상가는 일반적으로 분양가가 높다.

3) 상가의 층별 분양가 차이는 얼마나 될까?

신축상가를 분양받을 때 지하층, 1, 2, 3층의 분양가 차이가 난다는 건 누구나 알고 있지만 층별 편차가 얼마일지 궁금할 것이다. 분양상가에서 가격은 지상 1층 기준으로 산정한다. 어떠한 상가든지 1층이 노출도, 접근성 등 우위적 요소가 많기 때문에 매수자의 관심이 높아 1층이 분양가 산정 기준이 된다. 1층에 비교하여 지하층과 상층부는 관심도가 떨어지기 때문에 분양가가 낮게 책정될 수밖에 없다.

분양가는 임대수익률과 상호관계가 명확하기 때문에 임대수익이 높고 안정적인 임대가 예상되는 상가는 분양가가 높게 책정될 것이며, 공실 리스크가 높거나, 임대수익률이 낮을 것으로 여겨지는 상가는 상대적으로 분양가가 저렴할 수밖에 없다.

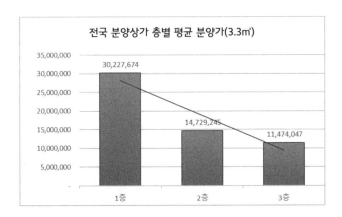

위 자료를 보면 **2층은 1층 기준에 48% 정도의 분양가가 책정되고 있으며 3층은 38%의 분양가가 책정되었다.**

지하층은 2, 3층보다 선호도가 떨어지기 때문에 3층보다 낮은 분양가가 책정되지만 최근 신축의 지하들은 환기, 접근성, 채광 등을 보완하고 1층에서 직접 연결되는 에스컬레이터나 Sunken(선큰) 방식으로 구조를 만들어 지하층의 가치를 높이는 추세이다.

**[최근 신축 상가 Sunken 현황_
광교신도시나 문정동 법조타운이 Sunken 형태로 지하 개발]**

10층 이상의 건물인 경우 5층 이상의 상가 이용자들은 대부분 엘리베이터를 이용하기 때문에 5층 이상의 층별 상가가격 차이는 크지 않다.

최근 신축상가들은 인건비, 토지매입지용, 시공비 등의 비용이 매년 증가세에 있어 인기가 좋은 1층 분양가는 지속적으로 오르는 추세이다. 그러나 1층의 높은 분양가가 반드시 가격만큼의 우수한 상가라고 단정할 순 없다.

상가 분양가가 높을 경우, 높은 임차료를 감당할 수 있는 업종이 통신사 대리점(SKT, KT, LGU+), H&B(올리브영, 랄라블라, 롭스 등) 등으로 극히 제한적이며, 오프라인 상권력 하락세가 지속되는 상황을 비추어볼 때, 1 입지가 아닌 상권인 경우, 높은 임차조건 매장들은 갈수록 경쟁력이 떨어질 수밖에 없다.

※ 화장품 매장은 업종하락으로 많은 매장들이 폐업수순단계이며, 통신매장도 최근 경기침체로, 판매 하락세에 있어 폐점 비율이 증가 추세로 높은 임차조건의 상가에 입점하는 것이 쉽지 않은 상황이다.

상가 투자에 대한 수익률 위주로 접근한다면 2층 투자도 고려해 볼 만하다. 2층은 접근성이 떨어져 병원, 사무실, 학원 등으로 입점 업종이 제한적이다. 1층에 비해 상대적으로 임차인을 구하기 어려운 점이 있지만 **병원, 학원 등의 업종은 높은 시설투자가 동반되고, 장기간 플랜으로 환자**

또는 학원생을 유치해야 하는 업종의 특성상 입점만 되면, 상당기간은 공실 발생 확률이 낮다는 장점이 있다.

　2층 이상 상가에 투자 시, 주변 배후세대의 연령별, 주거형태, 소득수준, 수요 등을 정확히 파악해야 하며, 장기적인 공실 발생도 고려하여 미리 대책을 세워야 한다. 2층 상가를 분양받을 경우 1층 분양가 대비 평균 분양 금액인 48%보다 더 낮게 분양받아야 투자 리스크를 낮출 수 있다.

[가격산정사례]

층	호수	전용면적 ㎡당	전용면적 3.3㎡당	분양면적 ㎡당	분양면적 3.3㎡당	전용률(%)	분양 예정가(천원)	3.3㎡당 단가 전용면적 기준(천원)	3.3㎡당 단가 계약면적 기준(천원)
1층	101	21.96	6.64	26.82	8.11	81.88	310,000	46,687	38,224
	102	21.96	6.64	26.82	8.11	81.88	300,000	45,181	36,991
	103	21.96	6.64	26.82	8.11	81.88	310,000	46,687	38,224
	104	21.96	6.64	26.82	8.11	81.88	340,000	51,205	41,924
	105	25.01	7.57	30.54	9.24	81.89	350,000	46,235	37,879
	106	25.08	7.59	30.64	9.27	81.85	310,000	40,843	33,441
	107	25.08	7.59	30.64	9.27	81.85	300,000	39,526	32,362
	108	25.08	7.59	30.64	9.27	81.85	300,000	39,526	32,362
	109	32.27	9.76	39.41	11.92	81.88	357,600	36,639	30,000
	110	32.07	9.7	39.17	11.85	81.87	520,000	53,608	43,882
평균		25.24	7.64	30.83	9.33	81.87	339,760	44,614	36,529
2층	201	21.96	6.64	29.81	9.02	73.67	81,180	12,226	9,000
	202	21.96	6.64	29.81	9.02	73.67	81,180	12,226	9,000
	203	21.96	6.64	29.81	9.02	73.67	81,180	12,226	9,000
	204	59.17	17.9	80.32	24.3	73.67	243,000	13,575	10,000
	205	42.35	12.81	57.49	17.39	73.66	156,510	12,218	9,000
	206	26.9	16.3	73.16	22.13	73.66	199,170	12,219	9,000
	207	68.1	20.6	92.45	27.97	73.66	251,730	12,220	9,000
평균		37.49	12.50	56.12	16.98	73.67	156,279	12,416	9,143

　지금까지 설명한 내용들은 보편적으로 통용되는 상가 분양가를 선정할 때 고려하는 사항들을 정리한 것이며 상가 투자 시 상가마다의 특수성이 있을 수 있기 때문에 보다 다각도로 세밀하게 파악하여 매매할 것을 권하고 싶다.

신축 분양광고에서 흔히 보는
'선임대 확정'은 무조건 좋은 것일까?

상가분양 광고 시 위의 그림과 같은 내용을 많이 볼 수 있다. 선임대 확정은 분양계약 전 상가 임차인을 확정해 놓은 것을 말한다.

공실 위험이 있는 신축상가들은 상가 임차인을 확보한 후, 분양을 하면 매수자 모집이 수월하고 가격(분양가)할인 없이 분양을 진행할 수 있다는 장점이 있다. 분양자도 선임대 상가를 분양받는다면, 사전에 공실 위험을 차단하고 안정적인 수익을 확보할 수 있다. 선임대 상가는 이러한 장점도 있지만, 시행사, 분양대행사들이 조기분양완료를 위해 '선임대 확정'을 악용하는 사례가 많다.

여러 악용 사례 중 대표적인 사례 두 가지를 살펴보겠다.

〈첫 번째 사례〉
화장품 입점이 확정된 상가를 분양받고 공실 걱정은 하지 않았는데, 몇 개월 후 영업부진으로 퇴거해 버리는 경우가 있었다. 계약서상에는 **계약기간이 1년이라고 명시되어 있었지만 특약사항에는 '임차료 2개월 선납 시에는 조기종료가 가능하다.'라는 내용이 기재되어 있었다.** 분양대행사에 이러한 상황을 말했더니 '임차인을 선정해 주었고, 정상적으로 오픈까지 했는데, 이후 추가적인 관리까지 책임질 수 없다.'라는 말만 되풀이하며, 책임을 회피한다.

〈두 번째 사례〉
분양대행사에서 '유명 프랜차이즈 업체의 입점의향서이다, 준공 후 입점 예정이니 공실 걱정할 필요가 없다.'라고 한다. 그 말을 믿고 상가 분양을 받았으나 준공 후 프랜차이즈 업체들은 **'입점의향서만 제출했을 뿐 계약까지 진행할 의사는 없다.'**라고 하며 결국 입점 진행이 안 되었다.
※ 입점의향서는 프랜차이즈 회사들이 분양대행사 요청에 형식적으로 작성해 주는 경우가 다반사임. 입점의향서는 계약서가 아니어서 법적 효력이 없기 때문에 입점의향서만 믿고 상가분양을 결정하는 일은 절대 없어야 함.

위 두 사례는 결국 법적 효력이 없기 때문에 상가 분양주들이 고스란히 피해를 입게 된 사례이다.

첫 번째 사례를 보면 임대차계약서상에 1년으로 작성되어 있고, 시설, 인테리어 비용까지 부담한 임차인이 손해를 보고 퇴거하는 상황이라 '분양대행사는 책임이 없다.'라고 볼 수도 있다.

하지만 자세히 들여다보면 일부 시행사, 분양대행사는 입점하는 업체의 인테리어 시공 등을 직접 해 준다고 하며, 임차인을 맞추는 경우도 있고, 임차료 일부를 1년 동안 지원해 주는 경우도 빈번하다.

인테리어 비용지원을 통하여 임차인 확보 후, 분양계약이 성사되면 시행사는 더 큰 이익이 발생할 수 있기 때문에 이런 점을 악용하는 경우가 종종 있다. 인테리어 투자를 하지 않은 임차인은 오픈 후 매출이 좋지 않을 경우, 투자비용이 적기 때문에 부담 없이 조기에 퇴거할 수 있다.

선임대 상가 계약 시에는 입점이 확정된 업종이 장기간 운영할 수 있는 업종인지를 철저히 분석해야 할 것이며, 실제로 분양대행사에서 선임차인과 체결한 임대차계약서가 있다면 반드시 확인하고 매매를 진행해야 한다.

위 내용들을 정리하는 의미에서 선임대 상가 매매 시 주의사항에 대해 알아보자.

첫 번째, 선임차된 임대차계약서가 시행사와 작성된 것인지 반드시 확인해야 한다.

신축상가는 등기되기 전까지 권리관계를 확인할 수 없으므로 반드시 현재 시행사와 계약된 임대차계약서를 확인해야 한다. 추가적으로 계약금이 시행사 통장에 입금된 내역 및 계약서에 명시된 임차인 명의로 입금됐는지도 확인해야 한다. 왜냐하면, 임차인이 확보되어 있다는 것을 알리기 위해 형식적으로 통장에 입금하는 경우도 있기 때문이다.

두 번째, 임대차계약서의 내용을 꼼꼼히 확인해야 한다.

임대차계약이 1년으로 되어 있거나, 특약사항 등에 '2개월 선납 시, 3개월 전 통보 시 임대차계약을 종료할 수 있다.'라는 내용이 명시된 경우도 있다. 이런 계약조건이 있다는 것은 단기간에 퇴점할 수 있는 위험이 있으므로 계약서를 꼼꼼히 확인해야 한다. 또한 임대보증금이 주변 시세보다 유난히 낮고 임차료가 높게 형성되어 있다면 의심을 해 볼 필요가 있다. 보증금이 낮으면 분양계약 완료 후 계약을 취소하더라도 손해가 적기 때문에 **'거짓 계약서'**를 작성했을 가능성이 있다.

세 번째, 반경 100m에 있는 매장을 보고, 입점이 확정된 업종의 주변시세를 확인해야 한다.

조기에 분양을 완료하기 위해 분양대행사는 시세보다 높은 임대료로 '허위 임차인'을 내세워 높은 수익률 과장광고를 하는 경우가 많다. 계약된 임대료가 적정한지 판단하기 위해 주변시세를 조사하는 것은 반드시 필요하며 입점 확정된 업종의 주변시세 및 입점 업종의 프랜차이즈 브랜드에 대한 조사도 필요하다. 또한, 매출분석 등을 통해 임차인이 감당할 수 있는 임대료인지를 조사해 봐야 한다.

※ 프랜차이즈 회사의 자료, 매출정보는 공정거래위원회_정보공개서 열람을 통해서 확인 가능

Tip

선임대 상가 투자 시 '계약기간 내 중도해지 시, 분양계약은 무효로 한다.', '손해액에 대해서는 계약서 상에 '○○○할 경우, 시행사가 ○○○원을 보상한다.'라는 식으로 구체적인 보상 관련 특약을 작성하면 향후 분쟁 시에도 유리하게 작용할 수 있다.

신축상가 홍보물에 써 있는
'마스터 리스(master lease)'는 무엇일까?

신축분양광고물을 보면 테마상가 조성, 마스터 리스 확정이라는 문구를 본 적이 있을 것이다. **마스터 리스는 무엇일까?**

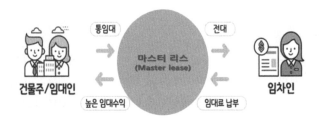

전문 임대관리업체가 건물의 일부 또는 전부를 임대하여 다른 임차인에게 전대하는 방식이다. 계약기간 동안 임차인 유치와 건물관리 등은 임대관리 모두 업체가 관리, 책임지며 임대수입은 건물주와 분배한다.

건물주의 경우 임차 관리 등의 업무를 하지 않고도 안정적인 임대수익이 발생하고, 일정기간의 계약종료 이후 해당 상권이 활성화되는 경우가 많아, 임차인 변경이 수월하다.

참고로 마스터 리스와 선임대의 차이점은 선임대는 시행사에서 임차인까지 구한 후, 이후 건물관리, 재계약 등을 임대인이 직접 해야 하지만, 마스터 리스는 정해진 계약기간까지 임대관리업체가 해당 업무를 대행해 준다.

최근 들어 마스터 리스 광고를 많이 하는 이유는 무엇일까? 최근 상가 분양시장에는 신축상가 공실 리스크로 인해 투자자들이 줄어들면서, 시행사가 직접 마스터 리스 형태로 운영하는 경우도 많아지는 추세이다. 아무래도 마스터 리스를 통하여 일정기간 안정적인 수익을 보장하면 투자자 유치가 수월하기 때문이다. 분양주는 사전에 마스터 리스 관리업체의 전문성이나 안정성에 대해 반드시 확인해야 한다.

[마스터 리스 광고]

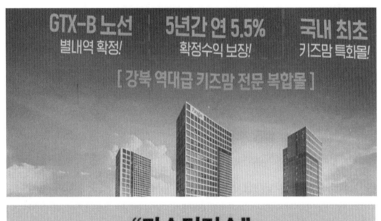

GTX-B 노선
별내역 확정!

5년간 연 5.5%
확정수익 보장!

국내 최초
키즈맘 특화몰!

[강북 역대급 키즈맘 전문 복합몰]

"마스터리스"
분양 계약과 동시에 시행사와 5년간 임대차 계약을 체결,
초기 공실리스크 제로, 테넌츠 유치

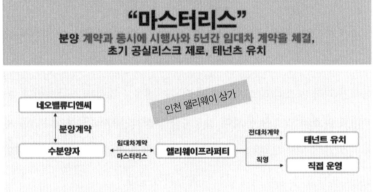

인천 앨리웨이 상가

네오밸류디앤씨
↓ 분양계약
수분양자 ← 임대차계약 마스터리스 → 앨리웨이프라퍼티 → 전대차계약 → 테넌트 유치
직영 → 직접 운영

일정기간 임대차 관리보장, 안정적인 임대수익 등 장점이 많지만 리스크를 줄이는 만큼 **투자 대비 수익률이 낮은** 단점도 있다. 통상적으로 신규분양과 마스터 리스 수익률은 통상 1%~1.5% 정도의 갭 차이가 발생한다.

또한 확정수익률 5.5% 등으로 광고하더라도, 실제 수익률은 이보다 낮은 경우도 있으니, 수익률 부분에 대한 세부 내용도 꼼꼼히 살펴봐야 할 것이다. 미스터 리스 계약은 평균 5년 정도로 진행하는데 마스터 리스를 진행하는 곳 다수가 신도시, 신흥 상권에 많이 몰려 있어 주변 상권 형성되는 부분과 '해당 상가가 상권 내 입지가 우수한 곳에 속하는지' 등도 철저히 조사해야 한다.

[참고: 마스터 리스 통해 건물 새 단장 후 가치 상승]

▲ SK D&D 마스터리스 사업 진행 전(왼쪽) 후(오른쪽) 전경 사진

마스터 리스를 통해 새 단장한 건물의 임차료는 전보다 평균 2배 이상 뛴다. 서교동 상가에 입점한 레스토랑 관계자에 따르면 3층 264㎡(80평)의 월세는 600만~700만원 수준. 인근 330㎡(100평) 규모 주택 월세는 800만~1000만원(보증금 1억원)으로 단순계산하면 신축 후 상가 2개 층만 임

대해도 단독주택의 1.4배 소득을 얻을 수 있다. SK D&D 관계자는 "마스터 리스로 개발한 강남구 논현동 지상 6층 건물은 리모델링 뒤에 연간 임대료가 4억원에서 12억원으로 뛰었다."고 밝혔다.

오피스텔 등 웬만한 부동산 개발사업은 사업비가 수백~수천억원에 이르고 하나의 사업에 자금이 2~3년씩 묶이는 경우가 많다. 특히, 경기침체기엔 큰 수익을 기대하기 힘들고 분양 실패 위험도 크다. 반면 마스터 리스는 3,300㎡ 건물의 경우 보증금과 리모델링 비용까지 수십억원이면 충분하고 10년 동안 안정적인 수익을 얻을 수 있다.

코로나 19로 인해 상업용 부동산 경기침체가 길어질수록 소형 건물 마스터 리스 사업의 시장성은 확장될 것으로 보여진다.

분양대행사 영업사원의 말은
확실한 검증 전까지는 일단 의심해라

신축상가 분양대행사 영업사원 중에는 성심성의껏 상담하고 실제로 투자자에게 좋은 정보를 주는 사원도 있지만, 신축상가 계약을 신속하게 체결하여 수수료를 받기 위해 투자자에게 불완전 판매를 하는 경우도 많다.

분양대행사 영업사원은 계약 성사 시 **통상 분양가에 2~4%로 내외 수수료를 받는 구조이다.** 만약, 5억원짜리 상가 계약을 성사시키면 1000~2000만원 수수료를 수취한다. 분양대행업은 특별한 전문 지식이 없어도 본인의 노력 여하에 따라 높은 수익을 올릴 수 있기 때문에 상담하는 과정에서 허위, 과장 홍보가 빈번하다.

악덕영업사원이 투자자를 회유하기 위해 '돈이 얼마 없어도 된다.', '계약금만 넣어 놓고 나중에 전매하면 이익이 발생한다.'라는 말을 자주 한다. 또한, 투자자가 상가를 분양받도록 하기 위해 '계약금만 걸어 놓고 다시 되파는 '전매'가 가능하다.'는 말로 투자자를 유혹한다.

'요즘 시대에 그런 신뢰감 떨어지는 말을 믿을까?'라고 생각하겠지만, 그 유혹에 넘어가 계약금만 넣고 여러 개의 상가를 계약하는 경우도 있다. 영업사원과 계약서상에 전매 관련된 특약사항을 작성하였다 할지라도 계약금을 돌려받으려면 민사 소송 등 복잡한 과정이 많아, 현실적으로 계약금 회수가 어려운 것이 사실이다.

다시 한번 강조하지만, 상가분양받을 때에는 계약서부터 자세히 검토하고 조금이라도 이해가 가지 않거나, 의심되는 부분이 있다면 일단 모든 과정을 중단하고, 의문이 확실하게 해소되기 전까지는 진행을 보류하는 것이 좋다.

상가 분양계약서에 업종 제한 약정은
효력이 있는 걸까?

집합건물의 경우 업종을 제한하는 경우가 많다. 이로 인해 임차인의 영업선택 자유를 제한하고, 경기침체 시에는 업종 제한으로 인해 공실률 상승으로 이어지기도 한다. 그러나, 다른 한편으로는 임차인 간의 과도한 경쟁을 완화시키고, 임차인의 수익이 보장될 수 있어 장기적으로 임대인, 임차인 모두 Win-Win 할 수 있는 좋은 규약이라고도 할 수 있다.

업종을 제한하는 내용이 분양계약서에 기재되어 있는 경우, 이러한 업종 제한 약정이 유효할까? 상가를 건축 후, 상가별로 업종을 지정하여 분양한 경우 수분양자 또는 그 지위를 양수한 자의 **'업종제한약정'** 준수 의무 여부 관련한 판례를 살펴보자.

해당 내용에 대한 법원의 판단
건축회사가 상가를 건축하여 각 점포별로 업종을 지정하여 분양한 경우 그 수분양자나 수분양자의 지위를 양수한 자는 특별한 사정이 없는 한 그 상가의 점포 입주자들에 대한 관계에서 상호간에 명시적이거나 또는 묵시적으로 분양계약에서 약정한 업종제한 등의 의무를 수인하기로 동의하였다고 봄이 상당하므로, **상호 간의 업종제한에 관한 약정을 준수할 의무가 있다.**
(대법원 2002. 12. 27. 선고 2002다45284 판결 등 참조)

결론적으로 분양계약 당시 **개별 상가마다 지정 업종을 명시하여 분양계약이 체결되었다면,** 해당 **계약 내용은 유효**하므로 해당 계약 체결 당사자 혹은 그로부터 상가를 인수한 자는 **상가 업종 제한 의무를 준수하여야한다.**

Tip

계약서상에 업종제한이 있는 경우, 독점 업종을 보장받았다면 관리규약상에도 반드시 명시되도록 해야 한다. 그리고 계약 후에 말이 바뀌는 경우가 있으니, 분양계약 시 반드시 녹취를 진행할 것을 권한다.

대출 80%까지? 폭발적으로 늘어나는 지식산업센터에 대해 알아보자

지식산업센터 전경

　지식산업센터는 제조업, 지식산업, 정보통신사업장을 비롯한 6개 이상의 공장, 지원시설 등이 복합적으로 입주할 수 있는 3층 이상의 집합 건축물을 말한다. 원래 '아파트형 공장'이라는 명칭으로 많이 불렸고, 최근 몇 년 사이 '지식산업센터'로 명칭이 변경되었다.

정부가 지식산업센터에 입주하는 스타트업, 벤처기업에 많은 혜택을 주면서 수요가 증가하였고, 수익형 부동산인 상가의 수익률이 지속적으로 하락하는 데 비해, 지식산업센터는 상대적으로 양호한 수익률을 보이고 있다.

연간 투자수익률 추세 (단위 : %, %p)

구분	2002	2003	2004	2005	2006	2007	2008	2009	2010	2011	2012	2013	2014	2015	2016	2017	2018	2019	전년 대비
오피스	12.15	11.81	9.42	8.53	9.23	9.28	13.74	4.77	6.86	6.97	5.55	5.29	5.91	5.93	5.80	6.44	7.61	7.67	0.06
중대형 상가	13.02	14.09	9.54	8.66	8.14	8.20	10.91	5.19	6.85	6.66	5.25	5.32	6.16	6.24	6.34	6.71	6.91	6.29	-0.62
소규모 상가	-	-	-	-	-	-	-	-	-	-	-	-	-	5.85	5.93	6.32	6.35	5.56	-0.79
집합 상가	-	-	-	-	-	-	-	-	-	-	-	-	6.39	7.32	6.93	6.48	7.23	6.59	-0.63

자료 출처: 한국감정원

[참고_ 경매시장에서의 수도권 지식산업센터 낙찰가율]

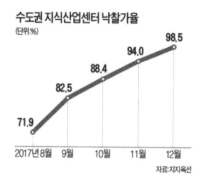

수도권 지식산업센터 낙찰가율
(단위:%)

71.9 → 82.5 → 88.4 → 94.0 → 98.5

2017년8월 9월 10월 11월 12월

자료:지지옥션

세금 감면	• 개인사업자와 5년 이상 법인 사업자 등 중소기업 영위자 경우 취득세 50%, 재산세 37.5% 감면. • 과밀억제권역에서 지방 지식산업센터로 이전하는 경우 취득세 100% 감면. 재산세 5년간 면제.
높은 담보대출 비율	• 개인사업자, 투자자 70% • 법인 80%
전매제한 없음	• 오피스텔의 경우 내년부터 소유권 이전 등기시까지 분양권 전매 금지.
공실률 부담 감소	• 2년 이상 장기 계약 체결

지식산업센터는 LTV, DTI 적용을 받지 않고 **분양가의 최대 80%까지 대출받을 수 있어 소액투자가 가능**하다. 또한, 임차인이 임대차계약을 맺으면 대부분 오랜 기간 유지하기 때문에 임대관리가 수월하다는 장점이 있어 최근 몇 년 사이 많은 투자자들이 관심을 가지고 있다.

오피스텔, 상가 등은 주택법 규제를 받아 임대료 5% 상한에 제한을 받지만 **지식산업센터는 건축법 규제를 받아 임대료 인상이 자유로운 것이 특징이다.** 지식산업센터를 '중소기업'으로 분류된 개인사업자나 5년 이상 법인사업자가 **분양받아 직접 사용할 경우, 취득세 50%, 재산세 5년 37.5%를 감면받을 수 있다.**

지식산업센터에 투자할 경우, **개별단지 또는 산업단지 여부를** 파악해야 한다. 처음에 산업단지에 맞는 업종코드로 사업자를 개설하고 준공 시 임대사업자로 변환, 추가하는 경우에 **개별단지**로 가능하지만 **산업단지의** 경우 입주 계약 시 업종에 맞는 시설을 구비해야 한다.

구분	개별단지	산업단지
의미	산업단지 外	국가단지, 일반단지, 도시첨단 단지, 농공단지
임대사업	사업개시 후 즉시 가능	불가(사업개시 후 6~12개월 후 일정 조건 충족되면 가능)
임대업 의무	해당 없음	1년 내 처분 불가(단지 공장인 경우 5년 내 처분 불가)
세제혜택 (2019년 12월 기준)	취득세 50%, 재산세 37.5%	좌동
감면조건	취득일로부터 1년 내 해당 용도 사용 5년 내 매각, 증여, 타용도 매매, 임대 시 세금 추징	좌동

앞서 언급한 장점들로 인해 투자자들의 관심이 커지면서 많은 시행사들은 공격적으로 지식산업센터를 공급하고 있고, 그로 인한 부작용도 많이 발생하고 있다.

대표적인 피해 사례를 보면 분양대행사 측이 '분양호실 100% 임대가 가능하다.'라고 홍보해서 계약을 진행한다. 그러나, 첨단산업단지 관리 기본계획에 '입주 가능업종은 건축물 연면적의 50% 범위 안에서만 임대 가능'이라고 명시되어 있어 분양받은 사람들은 임대차계약을 하지도 못하고 결국 시행사, 분양대행사를 고소한 사건도 있었다.

현재는 경기의 불확실성 속에 신규 지식산업센터 준공에 따른 렌트프리 제공 및 공급량 증가, 오피스 노후화 등의 영향으로 지식산업센터 임대료 지수는 떨어지고 있다.

임대가격지수 추세   (단위 : %, 전기대비 %p)

구분	2017	2018				2019					
	4분기	1분기	2분기	3분기	4분기	1분기	2분기	3분기	4분기	전기대비	전년동기대비
오피스	100.5	100.5	100.4	100.1	100.0	100.0	100.0	99.8	99.7	-0.07	-0.29
중대형 상가	100.2	100.3	100.3	100.2	100.0	99.9	99.8	99.7	99.5	-0.12	-0.47
소규모 상가	100.8	100.5	100.5	100.4	100.0	99.8	99.6	99.5	99.3	-0.21	-0.73
집합 상가	100.3	100.3	100.3	100.2	100.0	99.9	99.6	99.5	99.4	-0.10	-0.63

자료 출처: 한국감정원

지식산업센터 투자를 검토할 때에는 투자수익률만 계산하지 말고 지식산업센터에 입주된 업종들의 입점현황 및 공실률, 입주 업종들의 임대료를 반영했을 경우의 이익 수준까지 분석해야 한다. 분양공고문에 부동산 임대업이 명시되어 있지 않은 경우에는 향후 임대 시 법적 문제가 발생할 수 있으니 반드시 체크해 봐야 한다.

7
Step

기존 상가의
모든 것

과연 이 상가는 얼마일까?

과연 이 상가의 가격이 어떻게 될까?

상가를 매매한다고 마음을 먹고 상가를 알아보러 다닐 때 드는 생각일 것이다. 기준 금리, 시장 상황에 따라 상이하지만 기본적으로 현재 임대료 기준 수익률 4~5% 기준으로 매매가격을 산정한다.

기존 상가수익률 계산방법 내용처럼,

$$상가수익률 = \frac{임대료 \times 12개월}{(상가매매가 - 임대보증금)} \times 100$$

상가매매가 = 4억원, 보증금 = 5000만원, 임대료 = 150만원 으로 가정한다면 수익률은 5.1% 정도가 된다.

현재 수도권 기준으로 5%으로 이상이면 적정한 매매가라고 판단할 수 있다. 참고로 위의 수익률 계산에서 대출금 등은 기입하지 않은 수익률이고, 상가를 매매 시 건강보험료, 재산세, 건물세 등 부과되는 세금도 발생하므로 수익률은 실제적으로 1% 이상 하락한다는 점을 인지하고, 반드시 보수적으로 접근해야 한다.

스스로 상가수익률로 계산하여 상가매매를 알아보는 방법도 있지만, 다양한 전문가에게 자문을 받고 투자를 결정할 것을 권하고 싶다.

예를 들어, 본인이 거래하는 은행이나 매매를 할 상가의 대상지 인근 은행에서 평가액을 확인하는 방법도 매매가격을 산정하는 데 좋은 방법이다. 감정평가사를 이용하는 방법도 좋은 방법이지만 적지 않은 비용이 발생하기 때문에 이런 식으로 은행을 이용하면 은행과 제휴된 감정평가사가 감정가액을 산정해 준다.

매매계약서가 반드시 있어야 산정해 주는 곳도 있지만 '이 상가 매매를 알아보고 있는데 이 은행의 대출상품을 알아보고 싶다.', '60% 이상 대출이 가능하면, 이 상가를 구매할 수 있다.'라는 식으로 은행직원과 상담을 진행한다면 며칠 뒤 은행에서 대출가능여부와 감정가액을 산정해 준다.

공신력 있는 은행에서 산정해 준 감정가액과 일반적인 수익률 계산법, 이 두 가지 데이터를 통하여 매매 검토를 한다면 투자리스크를 줄일 수 있다.

내가 가진 단지 상가가 재건축된다고?

본인이 소유한 단지 상가가 재건축된다면 보상은 얼마나 받을 수 있을까? 가장 많이 궁금해하는 내용이다.

ㄱ. 아파트 단지 내 상가를 분양받고 수십 년이 흘러 재건축을 한다고 합니다.

ㄴ. 제가 가진 상가는 단지 내 상가 지하인데 대지지분은 1층, 2층 상가랑 똑같은데 **평가는 어떻게 받는지** 너무나 궁금합니다.

ㄷ. **상가로만 받을 수 있는지, 아파트도 받을 수 있는지, 현금 청산 시에**는 어떻게 평가하는지도 너무 궁금합니다.

그럼 지금부터 재건축에 관한 진실을 파헤쳐 보자.

1) 재건축 상가의 감정평가 기준은 주변시세

아파트는 층수, 방향 등에 따라 시세가격이 다르게 책정된다. 마찬가지로 상가도 층별, 건물 노후화 등을 고려하고, 이에 주변 인근 시세를 종합하여 가격을 책정하며, 재건축 시 평가시점은 종전자산평가를 기준으로 한다.

결론적으로 **상가는 층별 이용상황에 따라 효율성에 차이가 있기 때문에 층별로 (오래된 연식으로 건축가액 의미 無) 대지지분의 시세차이가 발생한다.** 조합설립 후 협의에 따라 다르겠지만 재건축 시 통상적으로 1층과 지하 차이는 2.5배에서 3배 정도 평가차이를 보인다.

2) 단지 내 상가도 재건축 시에 아파트로 분양받을 수 있는지?

개포주공1단지 재건축 상가 분쟁 마무리 국면… '분상제 피하겠다'
조선비즈 PICK 2020.02.11. 네이버뉴스 ☑
11일 개포주공1단지 조합에 따르면 조합과 상가위원회는 전날 '상가 재건축 관련 합의서'에 서명을 했다. 조합은 상가 대지지분에 대한 '상가 기여 개발이익' 명목으로 910억원을 상가위원회에 주기로 했다. 이 중...
└ 개포주공1단지 조합, 상가와 극적… 서울경제 PICK 2020.02.11. 네이버뉴스
└ 개포주공1단지 재건축 '상가 합의'… 뉴스핌 2020.02.11.
관련뉴스 전체보기 >

개포주공1단지 조합, 상가와 극적 합의..상한제 피하나

기여금 910억원 지급 합의...상한제 회피 기대

진동영 기자 | 2020-02-11 18:17:59 | 정책제도

서울 강남구 개포주공1단지 재건축 조합이 상가와 극적 합의에 성공하면서 분양가상한제 회피 가능성을 높였다. 11일 정비업계에 따르면 개포주공1단지 조합은 지난 주말 조합원들에게 '상가 재건축 관련 합의서'에 서명했다고 밝혔다. 합의에 따라 조합은 상가 측에 재건축 확정기여금 910억원을 지급하기로 했다. 기존에 상가 측에서 요구했던 1,300억원보다 390억원 가량 줄어든 액수다. 이에 따라 조합

TOPDAILY

상가 '알박기' 해소 방안, 아파트 분양권 분배?

강동 B주공도 상가 건축 계획 협의가 이뤄지지 않아 추진위원회부터 준공시점까지 약 18년이 소요됐다.

재건축 관련 소송은 2003년 도시정비계획법 시행 이후 249건이었다. 토지분할과 조합설립 인가 무효 및 관리처분계획 취소는 42건 정도였다.

이와 같은 갈등을 해소할 방안으로 상가 소유자에게 아파트 분양을 받을 수 있는 권리 부여가 나왔다. 아파트는 재건축을 통해 가격 상승 가능성이 크지만, 상가는 해당 경우가 적다.

또 건설기간 동안 소득을 손실한다는 이유로 과도한 영업보상을 요구할 때도 있다. 이에 상가 소유자에게 아파트 분양권을 줘, 상가 소유자들의 불안감을 해소시키자는 것이다.

아파트 재건축 시 자주 발생하는 문제는 아파트 조합 측과 상가 조합원과의 갈등이다.

상가를 제외하고 재건축을 시행할 수도 있지만, 상가 건폐율 및 용적률을 포함해야만 재건축 수익성이 발생하는 경우가 있다.

이런 상황들이 발생하면, 일반적으로 지분 1:1 재건축, 평가금액의 120~130% 현금청산이나 상가 입주권 부여 등으로 협의해서 시행한다. 최근에는 집값 상승 및 재건축으로 인한 상가 공실 발생 등으로 아파트 입주권을 요구하는 경우가 많아지고 있다.

기본적으로 재건축 시 단지 내 상가가 입주권을 요구할 수 있는 기준 조건은 있다. 예를 들면, 재건축 대상 아파트 대상 최소평가액이 5억원이라한다면, 소유하고 있는 상가도 권리가액이 최소 5억원, 즉 1:1 조건이 성립되어야 자격이 된다.

오래된 단지 내 상가에 투자할 때 재건축 시 추가이익이 발생될 거라는 막연한 생각으로 접근했다가 큰 낭패를 볼 수 있다.

재건축 시 상가는 공실 발생 또는 본인이 소유한 상가가 현금청산 대상(감정평가금액이 작거나, 대지지분이 없는 건축물만 소유한 경우 등)으로

선정될 경우의 손실 가능성에 대해서도 충분히 검토되어야 한다. 또한, 수 천 세대 재건축 단지 내 상가를 제공받는다고 하더라도, 실제 준공 후 사람들이 이동하는 동선과 유동인구, 상가 이용률은 이전과 차이가 날 수 있고, 상가는 아파트와 달리 취득세가 4.6%인 점도 반드시 고려해야 한다.

투자자의 입장에서 단순히 매매 수익률로 바라볼 게 아니라, 임차인이 임차를 했을 경우, 수익이 어느 정도 발생될 수 있는 업종인지, 해당 업종이 월세를 감당할 수 있는지를 고려해야 한다.

3) 재건축 단지 내 상가 투자 시 무상 지분율을 확인해 보자

무상 지분율이란 상가 재건축사업에서 발생하는 개발이익을 조합원들에게 나누어 주는 개념이다. 총 분양가에서 총 공사비용을 뺀 개발이익을 전체 대지면적으로 나누고, 사업의 개발이익은 조합원이 소유하고 있는 대지지분을 기준으로 하여 배분하게 되는 개발이익의 비율을 말한다.

둔촌주공아파트를 예를 들면 민영아파트 단지 내 상가의 분양평수가 33㎡(10평)이면 대부분 대지지분은 약 9.9㎡~16.5㎡(3~5평) 정도이다. 그러나 둔촌주공아파트 상가의 대지지분은 무려 분양평수의 약 120%에 해당하는 대지지분을 가지고 있다(일부 상가는 미 해당). 즉, 분양평수가 33

㎡(10평)일 때 대지지분이 120%일 경우 약 39.7㎡(12평)가 나오게 된다.

둔촌상가 예시

현재 층	현재 분양면적	지분 형태	매매가	무상 지분율	무상 분양 배정 평형
1층	9.8평 (지분11.3평)	1/2지분 (1순위)	23억	187%	18평
1층	10평 (지분11.7평)	단독지분	24억 (이주비4억8천)	187%	19.1평
1층	10평 (지분11.9평)	단독지분	21억	187%	19.5평
1층	9평 (지분10.5평)	1/2지분	19억	187%	17평
1층	7평 (8평)	1/2지분	13억	187%	13평
1층	5.4평 (지분6평)	단독지분	13억	187%	10평
1층	6.8평 (지분8평)	단독지분	13억	187%	13평
1층	7.35평	1/2지분	10억	187%	13.75평
지층	119평	3/5지분 (지층2순위)	75억	193%	229평
지층	39.5평	1/5지분 (지층2순위)	27억	193%	76평
2층	11평 (지분12평)	단독지분	11억	188%	21평
2층	26평 (지분30평)	단독지분	28억	188%	49평
2층	11평 (12.7평)	단독지분	10억8천	188%	20.9평
3층	100평 (지분120평)	단독지분	81억	192%	200평

무상지분이 중요한 이유는 무상지분이 높을수록 추가부담금의 규모가 줄어들기 때문이다. 무상지분이란 조합원이 재건축 후 추가 부담금 없이 확장 평형을 선택할 수 있는 면적비율을 말한다. 무상지분율을 파악하면 무상으로 배정받을 수 있는 평형 및 넓은 면적으로 선택 시 추가부담금을 예측할 수 있다.

재건축을 추진 중인 22평 상가(대지지분 27.5평)를 보유한 조합원에게 배정 가능한 평형이 33평과 45평이고 무상지분이 120%라고 한다면 추가부담금을 납부하지 않아도 되는 평수(무상지분 평수)는 27.5평 × 1.2 = 33평이다.

만약 45평을 원할 경우 조합원이 추가로 납부해야 하는 추가부담금은 무상지분 평수에서 늘어나는 면적(45평 - 33평 = 12평)에 평당 분양가(2000만원)를 곱해서 산출되는 2억 4000만원이 된다.

이와 같이 대지지분이 많아야 중대형 평형을 희망 시 조합원의 추가부담금이 줄어든다. 무상지분이 높아지려면 분양수익이 많거나 재건축 공사비용이 적어야 한다. 그로 인해 높은 무상지분은 조합원들에게 불리하게 작용할 수도 있다. 무상지분이 높아지면 시공사들은 일반 분양분의 분양가를 높게 책정하게 되어 미분양이 발생하고, 이에 따른 손실은 조합원들에게 전가된다. 또한 사업성을 높이기 위해 공사비용의 원가 등을 낮추거나 잦은 설계변경 등을 통해 사업비를 보전하려 할 것이다. 이처럼 무상지분의 장단점을 잘 파악하여 신중한 투자를 권하고 싶다.

상가주택은 1가구 1주택?
상가주택 이것만은 알고 가자

1층은 슈퍼, 2층은 학원이고 3층 이상이 주택으로 되어 있는 건물을 본 적이 있을 것이다. 이런 건물을 상가주택이라고 한다. 상가주택은 주인이 직접 거주하면서 상가 임대수익까지 발생할 수 있는 일석이조의 효과가 있다. 또한, 해당 건물에 직접 거주하여 상가관리를 근거리에서 할 수 있는 장점이 있다는 장점이 있다. 또한 대지지분만큼 향후 지가상승 및 재개발로 인한 시세차익을 볼 수도 있다. **상가주택을 투자할 때 반드시 확인해야 될 사항이 있다.**

1) 용도 및 용적률을 확인하라

상가주택도 시간이 지나면서 노후된다. 저층이라면 용적률 및 용도지역, 주차장 공간을 확인하여 여유가 있으면 1~2개 층 정도는 증축도 가능하다.

☞ 용도지역, 용도지구 확인은 **토지이용계획 확인원**에서 확인할 수 있다.

중, 개축 허가 시 도로 폭 6m 이상 도로에 접해 있거나 **폭 4m 이상 도로에 2면 이상 대지가 접해야** 건축 허가를 받기 수월하다.

※ 단독주택 → 상가주택으로 변경 시에는 기본적으로 8~10m 도로를 확보해야 하기 때문에 8~10m 도로와 인접한 단독주택을 매입해야 향후 재건축이 용이하다.

2) 상가주택에서 상가가 차지하는 면적을 확인하라

상가주택을 투자할 때에는 건물에서 주택과 상가가 각각 차지하는 면적비율이 어느 정도인지 확인해야 한다. **주택면적이 큰 경우 주택으로 보고 상가 면적이 큰 경우에는 상가주택으로 구분한다.** 그러므로 주택과 상가 면적에 따라 향후 매매 시 양도소득세 부분에 큰 차이가 있다.

주택면적이 상가보다 면적이 큰 경우에는 2년 이상 보유하고 양도하면 양도소득세가 비과세가 된다(조정대상지역소재 주택으로 2017.8.3. 이후 취득한 경우에는 2년 거주). 상가면적이 큰 경우에는 상가부분에 대해 양도소득세가 발생한다. **상업시설(근린시설)은 양도할 경우, 양도차익에 따라 6~38%의 세금이 부과된다.**

■개정안에 따른 1주택자 상가주택 양도소득세 Simm.

구분	매입가격	매도가격	양도차익	개정 전	개정 후
주택면적 70% ,상가면적 30%	5억원	20억원	15억원	4658만원	1억 2295만원
주택면적 51% ,상가면적 49%					2억 332만원

■면적 비율 기준 상가주택 양도세 산정

구분	매도가격	매도시기	양도세 과세
주택면적<=상가면적	-		주택과 상가를 분리해서 양도세 과세
주택면적>상가면적	9억원 이하		전체를 비과세
	9억원 이상	2021년 12월 31일 이전	전체를 주택으로 산정 9억원 초과분에 대해서 양도세 부과
		2022년 1월 1일 이후	주택과 상가를 분리해서 양도세 부과

☞ 2022년 1월 1일 양도분부터 주택면적이 상가면적보다 크더라도 주택과 상가를 분리해서 양도세를 부과한다.

겸용주택으로서 주택면적이 상가면적과 같거나 작은 경우에는 주택 부분만, 주택면적이 상가면적보다 큰 경우에는 전체를 주택으로 보아 1가구 1주택 양도세 비과세를 적용받는다. **최근 정부 발표 안에 따르면 주택면적이 상가면적보다 큰 경우도 주택 부분만 1가구 1주택 양도세 비과세를**

적용받는 것으로 변경될 예정이다.

여기서 키포인트는 9억원을 초과하는지 여부이다. 다만 주택매도가격이 9억원 이하인 경우는 종전과 동일하게 전체를 주택으로 보아 1가구 1주택 양도세 비과세를 적용할 예정이므로 9억원 초과 고가주택만이 정부 발표 안의 영향을 받게 된다.

상가겸용주택 매도가격이 9억원 이하라면 정부 발표 안의 영향을 받지 않는다. 따라서 2022년 1월 1일 이후 양도하는 경우에도 전체 양도차익에 대해 1가구 1주택 양도세 비과세 혜택을 받을 수 있다. 하지만 9억원을 초과한다면 2022년 1월 1일 이후 양도 시 주택부분의 양도차익에 대해서만 양도세 비과세가 적용되고 상가 분 양도차익은 모두 과세로 전환된다.

2021년 12월 31일까지 양도하는 경우에는 전체 양도차익에 대해 양도세 비과세를 적용받을 수 있으며, 9억원 초과 분에 대해서만 양도세에 과세 적용된다. 2022년 1월 1일 이후 양도하면 주택 분 양도차익에 대해서만 양도세 비과세를 적용받을 수 있다.

이때 2년 이상 거주한 경우라면 9억원 초과 주택 분 양도차익에 대해 24~80%(매년 8%)의 장기보유특별공제를 적용받을 수 있다. 하지만 상가

분 양도차익에 대해서는 양도세 비과세가 배제된다.

매매차익이 크고 주택과 상가의 면적비율 차이가 적을수록 보유 기간이 길수록 양도세가 많이 오른다. 상가겸용주택의 양도세는 주택과 상가의 면적비율 차이와 보유 기간에 따라 영향을 받는 정도가 달라진다. 보유 기간이 길고 상가면적비율이 50%에 가까울수록 정부 발표 안의 영향을 더 크게 받는다. 그 이유는 상가 분 양도차익임에도 불구하고 주택 분 양도차익으로 취급되어 큰 혜택을 받았으나, 2022년 1월 1일 이후 상가 분 양도차익으로 적용되면 혜택 취소로 인한 세금증가 효과가 훨씬 크게 발생하기 때문이다.

3) 겸용주택을 보유한 경우라면 개정안이 시행되기 전에 양도해야 할까?

꼭 그럴 필요는 없다. 양도세 증가 폭과 시세 및 임대수익 등을 종합적으로 고려하여 의사를 결정해야 한다. 위에서 살펴본 것처럼 상가겸용주택의 양도세 영향은 개별적 상황에 따라 다르다. 우선 정부 발표 안에 따라 양도세가 얼마나 증가하는지를 계산해 봐야 한다. 만약, 상가겸용주택으로 양도세 영향이 없거나 영향이 적다면 걱정할 필요는 없다. **하지만 양도세 증가 폭이 큰 상가겸용주택이라면 시세 상승폭과 임대수익 등을 고려하여 2021년 말까지 매도 또는 용도변경 등을 고려할 필요가 있다.**

다만, 상가를 주택으로 용도변경을 하여 3층 초과로 전환하면 다가구주택이 아닌 공동주택으로 취급되어 오히려 양도세가 더 불리해질 수 있다. 반드시 용도변경으로 인한 세금상 변화를 미리 점검한 후 용도변경 여부를 결정해야 한다. 면적에 따라 세금부분의 차이가 있으므로 사전에 세무사 등 전문가의 도움을 받으면 좋다.

8
Step

상가투자할
계획이 있다면
이 정도는 알고
투자하자

부동산 거래하면 부동산 중개수수료는
얼마를 줘야 할까?

				주택(주택의 부속토지, 주택분양권 포함) (서울특별시 주택중개보수에 관한 조례 제2조, 별표1)	
					(2015. 4. 14 시행)
거래내용	거래금액	상한요율	한도액	중개보수 요율결정	거래금액 산정
매매·교환	5천만원 미만	1천분의 6	25만원	▶ 중개보수는 거래금액 X 상한요율 이내에서 결정 (단, 이때 계산된 금액은 한도액을 초과할 수 없음)	▶매매 : 매매가격 ▶교환 : 교환대상중 가격이 큰 중개대상물 가격
	5천만원 이상 -2억원 미만	1천분의 5	80만원		
	2억원 이상 -6억원 미만	1천분의 4	없음		
	6억원 이상 -9억원 미만	1천분의 5	없음		
	9억원 이상	1천분의 ( ) 이내		▶ 상한요율 1천분의 9 이내에서 개업공인중개사가 정한 좌측의 상한요율 이내에서 중개의뢰인과 개업공인중개사가 서로 협의하여 결정함	
임대차등 (매매·교환 이외)	5천만원 미만	1천분의 5	20만원	▶ 중개보수는 거래금액 X 상한요율 이내에서 결정 (단, 이때 계산된 금액은 한도액을 초과할 수 없음)	▶전세 : 전세금 ▶월세 : 보증금 + (월차임액 X 100) 단, 이때 계산된 금액이 5천만원 미만일 경우 : 보증금 + (월차임액 X 70)
	5천만원 이상 -1억원 미만	1천분의 4	30만원		
	1억원 이상 -3억원 미만	1천분의 3	없음		
	3억원 이상 -6억원 미만	1천분의 4	없음		
	6억원 이상	1천분의 ( ) 이내		▶ 상한요율 1천분의 8 이내에서 개업공인중개사가 정한 좌측의 상한요율 이내에서 중개의뢰인과 개업공인중개사가 서로 협의하여 결정함	

분양권의 거래금액 계산 : [거래 당시까지 불입한 금액(융자포함)+프리미엄] X 상한 요율

☞ 최근 10억원 이상 550만원 고정으로 법안 개정 중으로 변경 가능성

을 인지하고 참고 요망

● 오피스텔

공인중개사법 시행규칙 제20조 제4항(2015. 1. 6 공포 · 시행)

1. 「건축법 시행령」 별표 1 제14호나목2에 따른 오피스텔(다음 각 목의 요건을 모두 갖춘 경우에 한정한다) : 중개의뢰인 쌍방으로부터 각각 받되, 별표 3의 요율 범위에서 중개보수를 결정한다.

가. 전용면적이 85제곱미터 이하일 것

나. 상 · 하수도 시설이 갖추어진 전용입식 부엌, 전용수세식 화장실 및 목욕시설(전용수세식 화장실에 목욕시설을 갖춘 경우를 포함한다)을 갖출 것

[별표3의 오피스텔 중개보수 요율(제20조제4항 관련)

구분	상한요율
매매/교환	1천분의 5
임대차 등	1천분의 4

2. 제1호 외의 경우 : 중개의뢰인 쌍방으로부터 각각 받되, 거래금액의 1천분의 9 이내에서 중개의뢰인과 개업공인중개사가 서로 협의하여 결정한다.

● 주택이외(토지, 상가 등)

거래내용	상한요율	중개보수 요율 결정	거래금액 산정
매매/교환,임대차 등	거래금액의1천분의 ( ) 이내	⊙ 상한요율 1천분의 9 이내에서 중개 업자가 정한 좌측의 상한요율 이하에서 중개의뢰인과 개업공인중개사가 협의하여 결정함.	「주택」과 같음

※ 중개보수 한도 = 거래금액×상한요율(단, 이 때 계산된 금액은 한도액을 초과할 수 없음)

※ 개업공인중개사는 「주택의 매매·교환 9억원 이상」, 「주택의 임대차 6억원 이상」, 「주택 이외 중개대 상물의 매매·교환 임대차」에 대하여 각각 법이 정한 상한요율의 범위 안에서 실제 받고자 하는 상한요율을 의무적으로 위 표에 명시하여야 함.

※ 위 부동산 중개보수는 공인중개사 법률 및 서울특별시 주택 중개보수 등에 관한 조례에서 정한 사항임.

부동산 중개거래 시 주의해야 할 점은?

1) 임대인이 반드시 주의해야 할 사항

① 위임장에 「전·월세 계약에 대한 모든 권한 및 보증금·월세징수 위임」한다는 포괄적 위임은 향후 문제 발생 시 임대인에게 불리하게 작용할 수 있으니 지양하고, 위임장과 인감증명서는 주기적으로 변경 및 관리해야 한다.

② 건물관리인이 임대인 의사와 다르게 계약을 하지 못하도록 위임 사항을 명확히 해야 한다. 또한, 건물관리인이 개별 계좌로 보증금을 수령하지 못하도록 위임장에 명시하고, 임대차 계약 시에는 사전에 임차인과 통화한 후 계약하도록 한다.

③ 건물관리인에게 임대인의 인감증명서, 도장, 통장을 맡기고 임대차 관리 및 전·월세 보증금 관리를 포괄적으로 위임한 경우 각종 사기사건을 유발할 가능성이 높고, 임대인에게 큰 책임이 전가되기 때문에 **부득이**

한 경우가 아니라면 계약은 반드시 임대인이 직접 해야 한다.

2) 임차인이 반드시 주의해야 할 사항

① 공인중개사를 통하여 계약할 경우, 공인중개사 등록여부를 해당 시·군·구청 중개업무 담당부서에서 확인 가능하니, 계약 전 확인해야 한다.

② 임차하는 건물의 소유자가 맞는지 반드시 확인한 후에 **계약금, 중도금, 잔금**을 **거래상대방**에게 지급한다.
(신분증, 임대차 건물 공과금 영수증, 등기권리증 등을 서로 대조 확인)

③ 건물 소유자로부터 위임받은 자와 계약을 체결할 경우 위임 여부를 확인해야 한다.
(위임장 및 위·변조 여부, 소유자에게 위임사실·계약조건 등 직접 확인)

④ 주변시세보다 월등히 임차조건이 좋을 경우, 해당 건물 소유자의 건물에 잡혀 있는 담보, 소유자의 성향, 건물 위치, 기타 이슈 등을 직접 확인해야 한다.

⑤ 계약하기 전에 임차하는 건물의 상태, 구조, 환경 및 누수 등 하자 여부를 낮에 확인하거나, 조명이 밝은 상태에서 꼼꼼히 확인해야 한다.

[중개피해 예방절차]

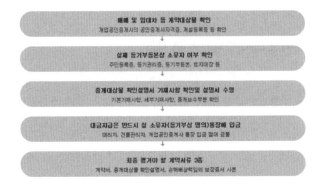

| 매매 및 임대차 등 계약대상물 확인 |
| 개업공인중개사의 공인중개사자격증, 개설등록증 등 확인 |

| 실제 등기부등본상 소유자 여부 확인 |
| 주민등록증, 등기권리증, 등기부등본, 토지대장 등 |

| 중개대상물 확인설명서 기재사항 확인및 설명서 수령 |
| 기본기재사항, 세부기재사항, 중개보수부분 확인 |

| 대금지급은 반드시 실 소유자(등기부상 명의)통장에 입금 |
| 머리자, 건물관리자, 개업공인중개사 통장 입금 절대 금물 |

| 최종 챙겨야 할 계약서류 3종 |
| 계약서, 중개대상물 확인설명서, 손해배상책임의 보장증서 사본 |

3) 셀프 등기하는 방법에 대해 알아보자

① 매매로 인한 소유권 이전 등기

부동산매매계약에 의하여 소유권을 이전하는 등기로, 매수인을 등기권
리자, 매도인을 등기의무자라고 한다.

매매계약서 작성 / 매매계약서 검인 부동산(주택)거래신고	· 시·군·구청 토지사무 부서 · 인터넷 신고 (부동산거래관리시스템)
등기신청 첨부서류 발급 및 취득세 납부	· 시·군·구청 세무부서에서 취득세 고지서를 발급 후 납부 (계약서사본, 부동산거래계약신고서 사본 필) · 인터넷에서 신고/납부 (이택스)
주택채권매입	· 과세시가표준액에 따른 제1종국민주택채권 매입 대상자의 매입기준 (인터넷, 은행)
등기신청서작성	· 부동산 등기부등본의 부동산의 표시와 등기신청서 작성 안내를 참조하여 작성
필요한 서류의 첨부	· 매도인 필요서류 : 등기필증, 부동산 거래신고 필증, 인감증명서 1부(부동산 매도용), 주민등록초본 1부(주소 변동사항 포함), 신분증, 인감도장 · 매수인 필요서류 : 매매계약서 원본 & 사본, 주민등록등본 1부, 신분증, 도장
등기소에 출석 등기 신청서류제출	
등기부등록 확인 등기필증 수령	· 대법원 인터넷 등기소(www.iros.go.kr)에서 등기필확인

[절차 요약]

신청인	· 신청서(위임장), 등기필증, 부동산매매계약서, 매매목록
시·군·구청	· 부동산계약 체결 후 60일 이내에 시·군·구청 방문, 검인 또는 주택거래(실거래)신고 후 신고필증 교부 받음 - 인터넷으로 신고 가능함 - 검인신청 : 계약서(원본1, 사본2통 제출) (계약시 원본1통, 사본 2통을 제출) · 시·군·구청에서 취득세납부서(OCR용지)를 발급받아 납세지를 관할하는 해당금융기관에 세금을 납부한 후 취득세 영수필확인서와 영수증을 교부받아 영수증은 본인이 보관하고 '취득세 영수필 확인서'만 신청서의 취득세액표시란의 좌측상단 첨부
금융기관	· 주택채권, 증지매입
참고사항	· 매매로 부동산을 취득한 경우 반대급부일(잔금지급일 또는 취득일)로부터 60일 이내에 등기를 신청하여야 합니다. · 신청한 등기가 하자가 없는 경우에는 소유권이전 등기가 이루어지므로 등기 권리증을 발부 받고 등기부 등본을 교부받거나 대법원인터넷등기소에서 등기필 확인
등기신청서류편철순서	· 신청서, 취득세영수필확인서, 등기수입증지, 위임장, 인감증명서, 주민등록표등(초)본, 대장등본, 매매계약서, 부동산거래계약신고필증, 매매목록, 등기필증 등의 순으로 편철

② 분양에 의한 소유권 이전 등기

아파트 또는 상가 등을 분양받아 소유권 이전하는 등기로, 이 신청에서는 매수인을 등기권리자, 시행사를 등기의무자라고 한다.

분양사 또는 건설사에서 서류수령 부동산거래신고	· 시·군·구청 토지사무 부서

↓

등기신청 첨부서류 발급 및 취득세 납부	· 시·군·구청 세무부서에서 취득세 고지서를 발급 받아 은행에 납부

↓

주택채권매입	· 과세시가표준액에 따른 제1종국민주택채권 매입 대상자와 매입기준

↓

등기신청서작성	· 부동산 등기부등본의 부동산의 표시와 등기신청서 작성 안내를 참조하여 작성

↓

필요한 서류의 첨부	· 매도인 필요서류 : 등기필증, 부동산 거래신고 필증, 인감증명서 1부(부동산 매도용), 주민등록초본 1부(주소 변동사항 포함), 신분증, 인감도장 · 매수인 필요서류 : 매매계약서 원본&사본, 주민등록등본 1부, 신분증, 도장

↓

등기소에 출석 등기 신청서류제출	

↓

등기부등록 확인 등기필증 수령	· 대법원 인터넷 등기소(www.iros.go.kr)에서 등기필확인

[절차 요약]

신청인	1) 신청서 2) 분양자 명의 서류 　- 보존등기필증, 분양계약서, 매매목록 　- 분양회사 법인 인감이 날인된 위임장 　- 법인인감증명서, 법인등기부등본 　- 잔금납부확인서(취득세 고지서 발급시 필요)
시·군구청	1) 부동산계약 체결 후 60일 이내에 시·군·구청 또는 인터넷으로 부동산거래(주택거래)신고를 한다. 2) 시·군·구청에서 취득세납부서(OCR용지)를 발급받아 납세지를 관할하는 해당금융기관에 세금을 납부한 　후 취득세영수필확인서와 영수증을 교부받아 영수증은 본인이 보관하고 '취득세영수필 확인서만 신청서의 　취득세액표시란의 좌측상단 여백에 첨부합니다. 3) 첨부서면 준비 : 토지(건축물대장), 인감증명서, 주민등록표등(초)본을 발급 받는다.
금융기관	1) 주택채권, 증지매입, 수입인지매입
참고사항	- 매매로 부동산을 취득한 경우 변대금부일(잔금지급일 또는 취득일)로부터 60일 이내에 등기를 신청하여야 　과태료를 물지 않습니다. - 신청한 등기 하자가 없는 경우에는 소유권이전 등기가 이루어지므로 등기 권리증을 발부 받고 등기부 　등본을 교부받거나 대법원인터넷등기소에서 등기필 확인하시면 됩니다. - 분양받은 부동산의 소유권이전등기는 분양회사로의 보존등기가 완료되어야하고 잔금을 납부하여야 등기서류 　를 넘겨받을 수 있습니다.
등기신청서류편철순서	신청서, 취득세영수필확인서, 등기수입증지, 위임장, 인감증명서, 주민등록표등(초)본, 대장등본, 매매계약서, 부동산거래계약신고필증, 매매목록, 등기필증 등의 순으로 편철해 주시면 업무처리에 편리합니다.

김 사장님, 이것만은 외우시죠

1) 임대인도 꼭 알아야 할 상가임대차보호법 5가지

상가임대차보호법은 임대인과 임차인이 임대차계약을 할 때, 임차인을 보호하기 위해 만든 법이다. 상가임대차보호법 관련하여 필수로 알아야 할 5가지를 정리해 보았다.

① 임대인은 임차인이 임대차계약 만료 6개월~1개월 전까지 계약 갱신을 요구할 경우 정당한 사유 없이 거절하지 못한다.

② 임대인이 계약만료 6개월~1개월 전까지 임차인에게 갱신 거절 또는 조건 변경을 통지하지 않았을 경우 임대차와 동일한 조건으로 1년 자동으로 연장한 것으로 본다. 환산보증금을 초과하지 않는 매장은 상가임대차보호법에 적용을 받는다. 이러한 경우에 묵시적 갱신(만료 1개월까지 임대인 및 임차인 모두 의사표시 하지 않고, 1년이 연장된 경우) 후, 임대인

은 1년 내에 계약해지를 주장할 수 없고, 임차인은 1년 안에 계약을 해지할 수 있다. 임차인이 계약종료를 통지하면, 3개월 후 임대차계약은 종료된다. 환산보증금을 초과하는 매장은 상가임대차보호법에 적용을 받지 않는다. 이럴 경우 묵시적 갱신 후 임차인은 계약해지가 가능하고, 계약해지 통보 1개월 이후 해지 효력이 발생한다. 또한, 임대인 측도 계약해지 권한이 있어 계약해지 통보를 한다면 6개월 이후 해지 효력이 발생한다. 그러므로 임대차 종료 1개월 전까지 계약연장을 반드시 임대인에게 의사표시를 하고 확인을 해야 한다.

[상가임대차보호법 적용대상]

지역	현행(2018.1.26)	2019년 개정안
서울	6억 1천만 원	9억 원
과밀억제권역, 부산	5억 원	6억 9천만 원
광역시 등	3억 9천만 원	5억 4천만 원
그 밖의 지역	2억 7천만 원	3억 7천만 원

③ 임대차계약의 갱신을 요구할 수 있는 **계약갱신요구권의 기간이 10년** 적용된다.

쉽게 말해, 임대차계약이 시작되고 10년간은 영업을 할 수 있는 권리가 보장된다는 뜻이다. 단, 3개월 동안 월세가 밀리거나, 임대인 동의 없이 임차한 공간에 전대(자기 공간을 제3자에게 또다시 빌려줌)를 했을 경우,

임대차계약 체결 당시 철거 또는 재건축 계획을 임차인에게 구체적으로 고지했을 경우에는 임대인은 갱신을 거절할 수 있다.

④ 내 권리금을 보호받을 수 있는 권리금 보호규정이 있다. 임대인은 계약만료 6개월 전부터 만료 때까지 임차인이 주선한 신규임차인이 되려는 자로부터 권리금을 받는 것을 방해해서는 안 된다. 만약 이러한 사항을 위반하여 임차인에게 손해를 입혔다면 임차인은 손해배상을 청구할 수 있다.

⑤ 월세는 1년에 5% 인상을 초과하지 못한다. 만약 월세가 100만원이라면, 인상은 1년에 5만원까지만 가능하다.

2) 상가임대차보호법에서 부가가치세는 임차료에 포함이 될까?

예를 들어, 서울(환산보증금이 9억원 미만일 경우 적용)에서 보증금 1억원, 월 임차료 750만원(VAT별도)일 경우 환산보증금은 '보증금 1억원 + (임차료 750만원 × 100) = 8억 5000만원'으로 상가임대차보호법에 적용된다. 하지만 임대인은 상가임대차는 부가세포함으로 계산해야 하며 임차료 825만원(VAT포함)으로 환상보증금 9억원이 초과되어 상가임대차보호법에 적용되는 매장이 아니라고 생각할 수도 있다. 계약할 때 반드시 환산보증금 범위를 파악하고 계약서상에 부가가치세 별도 또는 포함의 내용을 정확히 기재해야 분쟁을 예방할 수 있으니 반드시 유의해야 한다.

3) 임대인이 동일한 건물에 동종 업종을 입점시키는 것이 가능할까?

만약 건물 1층에 분식점을 운영 중인데 동일 건물 1층에 분식점을 임대 줄 경우 임대인의 책임을 물을 수 있을까? 임대인과 임차인의 관계가 틀어질 시 임대인 측에서 동종 업종에 임대를 주는 경우가 가끔 있다. 대형 건물에서 동종 업종 제한 등 관리규약이 있는 경우는 합당하게 동종 업계 입점에 대해 사전에 차단할 수 있지만 소규모 1인 소유 건물 상가의 경우 관리규약이 없기 때문에 책임을 물을 수 있는지 굉장히 난해할 것이다. 결론부터 말하면 동일 건물에 동종 업종을 입점시켰을 경우 임대인에게 책임을 물을 수 있다.

> 민법 제623조(임대인의 의무)
> 임대인은 목적물을 임차인에게 인도하고 계약 존속 중 그 사용, 수익에 필요한 상태를 유지하게 할 의무를 부담한다.

→ 쉽게 말해 임대차계약 후 운영하는 데 있어 임차인이 수익을 발생시키는 데 동종업종 입점 등의 이유로 임대인이 방해할 경우 책임을 물을 수 있다는 뜻이다.

4) 원상복구는 최초 계약 때부터 미리 챙겨라

임대차계약 종료 시에는 후속 임차인을 구해 원상복구(매장 내부를 원래의 상태로 돌려놓는 것)를 후속 임차인과 협의하여 원만하게 해결하는 것이 가장 이상적이다. 만약 후속 임차인을 구하지 못하고 계약만료가 될 경우에는 임차인과 협의하여 원상복구를 해야 한다. 계약만료 후 임대인이 원하는 부분까지 원상복구를 안 하는 경우가 종종 있다.

이런 문제를 사전에 예방하기 위해서는 최초 임대차 계약 시 임대차 목적물의 내/외부 사진 촬영을 반드시 하고, 인테리어 공사 완료 후에도 사진 촬영하여 계약서에 첨부하여 함께 보관해야 한다. 이러한 철저한 준비가 되어 있다면, 추후 퇴거 시 원상복구 문제에 대해 임차인과 분쟁을 예방할 수 있다.

5) 내용증명은 언제 필요하지?

일상생활에서 흔히 듣는 법률단어 중에 하나가 앞에서도 언급한 내용증명이다. 어려운 단어가 아니고, 알아 두면 유용하기 때문에 예시와 함께 쉽게 설명해 보겠다.

내용증명은 계약해지를 한다는 문서내용을 우체국에서 등기우편으로 발송하며 우체국이 발송한 우편물의 내용과 날짜를 증명해 주는 것이다.

내용 자체가 사실증명을 목적으로 하는 것으로, 법적인 효력이 없다는 점을 명심해야 한다.

사실관계에 대해 객관적으로 간단명료하게 작성하면 되고, 동일 문서 3부를 출력하여 우체국에서 접수하면 된다. 임차인에게 1부를 발송하고, 우체국과 임차인이 각 1부씩 보관하게 된다.

[내용증명 예시]

□ 수신인 :   김민성 귀하
□ 생년월일 :   1981.01.01
□ 주소 :   서울시 강남구 강남동 1번지

□발신인 :   최재형
□생년월일 :   1982.01.01
□주소 :   서울시 광진구 광진동 1번지

□제목 : 부동산 임대차 계약 해지 통보의 件

부동산의 표시 : 서울시 강남구 강남동 2번지 강남빌딩 101호 (전용면적 15평)
보증금 : 일천만 원(₩10,000,000원)
월임차료 : 오십만 원(₩500,000원)
계약기간 : 2017년 12월 1일 ~ 2019년 11월 30일

1. 귀하의 무궁한 발전을 기원합니다.

2. 본인은 위 부동산의 임차인으로 귀하와 다음과 같은 조건으로 임대차계약을 체결하였습니다.

보증금 : 일천만 원(₩10,000,000원)

월임차료 : 오십만 원(₩500,000원)

계약기간 : 2017년 12월 1일 ~ 2019년 11월 30일

3. 매출부진에 따른 손익하락으로 더 이상 매장을 유지할 수 없게 됨에 따라 임대차 계약 만료 시점인 2019년 11월 30일부로 계약해지를 통보드립니다.

4. 계약해지와 동시에 계약만료일에 상기 표기된 보증금을 반환하여 주시기 바랍니다.

첨부) 임대차계약서 1부

2019년 8월 25일

발신인 : 최 재 형 (인)

자료 출처: 『당신의 창업인생은 이 책을 읽기 전과 읽은 후로 나뉜다』

6) 임대인이 리모델링 공사를 하려고 할 때, 임차인과 임대차계약 연장을 거절할 수 있을까?

2019년 6월 홍길동 씨는 2년 계약기간에 보증금 4000만원, 임차료 100만원, 권리금 3000만원의 조건으로 치킨집을 운영 중이었으나 임대인의 건물 매매로 인해 임대인이 바뀌면서 건물 리모델링으로 계약종료 시 퇴거하라는 내용증명을 받았다.

이 경우 10년간 계약갱신 및 권리금 보호를 받을 수 있을까? 상가임대차보호법에 따르면 건물 전부 또는 대수선 공사를 해야 할 경우 리모델링에 관한 내용을 계약체결 당시 임차인에게 고지한 경우 정당한 계약갱신 거절 사유가 된다.

이때 정당한 계약갱신 거절 사유란,

1. 임차인이 3기에 해당하는 차임을 연체한 경우
2. 임차인이 거짓 또는 부정한 방법으로 임차한 경우
3. 임대인의 동의 없이 건물을 전대한 경우
4. 임차인이 건물을 중대한 과실로 파손한 경우
5. 건물의 전부 또는 일부가 멸실(심하게 파손)되어 임대차의 목적을 달성하지 못한 경우
6. 건물 철거 또는 재건축이 필요한 경우
(안전검사 실시하여 D등급시 조건부 재건축, E등급시 재건축)

만약, 임대인이 재건축 시기를 고지한 후 임차인과의 계약갱신을 거절하였더라도 정당한 사유 없이 고지한 시기에 공사 진행을 하지 않는다면 임차인은 손해배상을 청구할 수 있으니, 유의해야 한다.

7) 장기수선충당금 부담 주체는 누구일까?

임대차 계약서 특약에 '장기수선충당금은 임차인이 부담한다'고 명시를 했다. 이런 특약은 세입자에게 불리한 특약일까? 이 사항을 무조건 따라야 할까?

장기수선충당금이란 공동주택관리법상 장기수선계획에 따라 주요 시설의 교체 및 보수에 필요한 금액을 집주인이 부담하는 것이므로 원칙상 임대인이 부담해야 한다. 그러나 장기수선충당금의 상환청구권은 강행규정에 포함되지 않고 임의규정에 해당하기 때문에, 당사자가 합의하여 세입자가 장기수선충당금을 부담하기로 정한 경우에는 그 특약은 유효하다고 할 수 있다. 따라서, 특약에 따라야 한다.

> **공동주택관리법 제30조 (장기수선충당금의 적립)**
> ① 관리주체는 장기수선계획에 따라 공동주택의 주요 시설 교체 및 보수에 필요한 장기수선충당금을 해당 주택의 소유자로부터 징수하여 적립하여야 한다.
>
> **공동주택관리법 시행령 제31조(장기수선충당금의 적립 등)**
> ⑦ 공동주택의 소유자는 장기수선충당금을 사용자가 대신하여 납부한 경우에는 그 금액을 반환하여야 한다.

8) 신탁회사와 계약 시 유의사항은?

상가 계약을 하려고 하는데 부동산 등기부등본에는 개인으로 소유권보존등기가 되었다가 B신탁회사 이름으로 소유권이전 등기가 되었고, 등기원인은 '신탁'이다. 이렇게 수탁자 'B신탁회사'라고 등재가 되어 있는 경우에는 누구와 계약서를 작성해야 할까? 또 확인해야 할 것은 무엇인가?

신탁등기가 되어 있다는 것은 상가 소유자가 신탁회사에게 해당 주택을 어떠한 조건으로 맡겼다는 것을 의미한다. 이러한 부동산 신탁의 종류는 관리신탁, 처분신탁, 담보신탁 등 여러 가지가 있는데 등기부등본만으로는 관리만을 맡겼는지, 또는 처분까지 맡겼는지 등을 알 수가 없다. 그래서 반드시 확인해야 할 것이 바로 **'신탁원부'**이며, 이것은 해당 주택의 관할 등기소에서 발급 가능하다. 신탁원부를 통해 임대 행위 시 주체가 누구인지 확인한 뒤에 임대차계약을 체결하면 된다.

9) 세입자가 월세를 밀린 경우 2년 계약을 보장해 주어야 하는지?

참고로, '2기(期)'라는 것은 **2회 분량의 월세금액을 의미**하는 것이지 연체 횟수를 의미하는 것이 아니다.

예를 들어, 월세가 50만원이라면 100만원 이상 연체되어야 해지할 수 있다. 만일 월세 50만원 중 20만원만 납부하고, 30만원씩 3회를 연체했다면 총 연체금액이 2회 분량의 월세금액인 100만원보다 작으므로 해지사유가 되지 않는다. 그러나, 월세 50만원 중 40만원씩 3회를 연체했다면 총 연체금액이 100만원보다 크므로 해지 사유가 된다.

> **민법 제640조(차임연체와 해지)** 건물 기타 공작물의 임대차에는 임차인의 차임연체액이 2기의 차임액에 달하는 때에는 임대인은 계약을 해지할 수 있다.

☞코로나 19로 인해 월세 연체 6개월로 연장

10) 명도소송? 제소전 화해조서?

부동산 임대업을 하는 법인 또는 개인과 임차인의 임대료 납부 문제, 계약 종료 후 퇴거거부 등의 임대차 관련 문제 등으로 분쟁이 발생하는 경우가 빈번하며 명도소송까지 고려해야 하는 경우가 있다.

다음 그림은 명도소송 관련 진행내용이다.

일자	내용	결과	공시문
2020.05.28	소장접수		
2020.06.03	피고 ㅔ 소장부본/소송안내서/답변서요약표 송달	2020.06.08 도달	
2020.07.09	원고 소송대리인 ㅣ 기일지정신청서 제출		
2020.07.09	원고 소송대리인 변호사 ; ~ ㅣ ㅔ게 판결선고기일통지서(무변론) 송달	2020.07.09 도달	
2020.07.10	피고 ㄴ ㅔ게 판결선고기일통지서(무변론) 송달	2020.07.15 도달	
2020.08.05	피고 ㅣ 답변서 제출		
2020.08.05	원고 소송대리인 변호사 ; ㅔ게 답변서부본(20.08.05.자) 송달	2020.08.05 도달	
2020.08.07	원고 소송대리인 ㅣ 기일지정신청서 제출		
2020.08.11	피고 소송대리인 김 ㅣ 준비서면 제출		
2020.08.11	원고 소송대리인 변호사 ; ㅔ 준비서면부본(20.08.11.) 송달	2020.08.11 도달	
2020.08.11	원고 소송대리인 변호사 : ㅔ게 무변론판결선고기일취소통지서 송달	2020.08.12 도달	
2020.08.11	피고 소송대리인 변호사 : ㅔ게 무변론판결선고기일취소통지서 송달	2020.08.12 도달	
2020.08.11	피고 소송대리인 변호사 : ㅔ게 무변론판결선고기일취소통지서 송달	2020.08.11 도달	
2020.08.12	판결선고기일(민사법정 제452호.(1번 출입구 이용) 14:00)	무변론판결취소	
2020.08.13	조정회부결정		
2020.08.13	원고 소송대리인 변호사 ㅣ게 조정회부결정등본 송달	2020.08.13 도달	
2020.08.13	피고 소송대리인 변호ㅅ ㅔ게 조정회부결정등본 송달	2020.08.14 도달	
2020.08.13	피고 소송대리인 변호사 ㅣ게 조정회부결정등본 송달	2020.08.13 도달	

- 송달내용은 법원에서 해당 당사자(대리인)에게 해당 내용의 송달물을 발송한 내용입니다.
- 송달간주(발송송달)는 민사소송법 제189조에 의하여 서류를 당사자가 직접 송달 받지 않았다 하더라도 우체국 접수 시 송달된 것으로 간주되어 송달효력이 발생하는 제도입니다.

5월 28일 소장 접수 후 8월 중순까지 3개월 정도 기간이 소요되고 있으며, 임차인도 변호사를 고용하여 대응 중인 사건이다.

위의 내용처럼 명도소송은 최소 4개월에서 1년 정도의 시간 동안 온갖 스트레스에 시달리고, 비용도 발생하기 때문에 경험자들은 대부분 다시 겪고 싶지 않다고 입을 모은다.

이런 문제를 예방하기 위해 '제소전 화해조서'를 작성한다.

임대료 3기 이상 미납 등 계약서 상의 계약 불이행 및 퇴거와 관련하여
임대차계약서 작성 시 합의된 내용을 합의조소로 작성하여 법원의 승인
을 받고 소송 시 재판에서 판결문으로 강제 퇴거집행할 수 있는 법적 효력
을 갖춘 문서이다. 즉 계약파기 원인이 발생하였을 때 명도소송을 거치지
않고 **제소전 화해조서**로 퇴거집행을 진행할 수 있어 시간과 비용을 절약
할 수 있는 장점이 있다.

○ 제소전 화해조서 비용 (단위 원)

소송비용	소송인지대	제소전화해조서 비용
5백만원	5,000	1,000
1천만원	10,000	2,000
5천만원	46,000	9,200
1억원	91,000	18,200
5억원	411,000	82,200
10억원	811,000	162,000

명도소송은 경우에 따라 다르지만 최소 300만원에서 1000만원 이상까

지 비용이 발생하는 반면에 **제소전 화해조서 비용은 통상 10~100만원 정도**이다.

비용지불을 떠나서 임대인은 임차인의 보증금에 대한 전세권, 근저당 설정을 불편해하듯이 임차인에게는 전혀 유리할 게 없는 제소전 화해조서 작성을 요구하면, 임차인 대부분은 화해조서 작성을 거부한다(제소전 화해조서는 임대인에게 유리하지만 임차인에게 전적으로 불리한 조항이므로 양측에 서로 긍정효과가 될 수 있는 적정한 합의내용을 명기하였으면 한다).

※ 현재 부동산시장이 임차인 우위에 있으며 다른 상가를 택할 수 있는 폭이 넓은 상황으로 임차인이 대부분 작성을 거부하기 때문에 비용은 임대인이 지불하는 경우가 많은 편이다.

[제소전 화해조서 작성 예]

[제소전화해조서 절차]
① 제소전 화해조서 작성
② 임대인과 임차인이 내용협의 후 확인서 작성
③ 관할기관 법원제출
④ 화해기일 지정 및 화해 성립
⑤ 제소전 화해조서 송달
⑥ 소요기간 : 3-6개월

제소전 화해신청서

사 건 명   상가 명도 청구의 화해

신 청 인   (이름)   (주민등록번호   )
          (주소)   136길 33그럼   트 ***동 ***호
          (연락처) 010-****-****

피신청인   (이름)   (주민등록번호 51**** - 1******   )
          (주소) 대구광역시
          (연락처) 010-****-****

소송목적의 값		원	인 지		원

※제소전 화해비용은 소장에 첨부하는 인지액의 1/5 입니다.
(인지첩부란)

송달료 계산 방법 : 당사자 수(신청인 + 피신청인) × 5 × 1회분
※1회 송달료는 수수 변동될 수 있습니다.

휴대전화를 통한 정보수신 신청
위 사건에 관한 재판기일의 지정·변경·취소 및 문건접수 사실을 예납의무자가 납부한 송달료 잔액 범위 내에서 아래 휴대전화를 통하여 알려주실 것을 신청합니다.
◉ 휴대전화 번호 :

                              20 .   .   .
                        신청인 원고   하 * * (날인 또는 서명)
● 문자메시지는 재판기일의 지정·변경·취소 및 문건접수 사실이 입력재판사무시스템에 입력되는 당일 이용 신청한 휴대전화로 발송됩니다.
● 문자메시지 서비스 이용금액은 메시지 1건당 17원씩 납부된 송달료에서 지급됩니다(송달료가 부족하면 문자메시지가 발송되지 않습니다.
● 추후 서비스 대상 정보, 이용금액 등이 변경될 수 있습니다.

대구 지방법원 서부지원 귀중

신 청 취 지

신청인과 피신청인은 다음 화해 조항 기재 취지의 제소전 화해를 신청합니다.

신 청 원 인

1. 별지 기재 부동산은 신청인의 소유인 바, 피신청인은 2016년 09월 22일 신청인 소유
   ***길 ** 위 지상 건물 1층 전평 49㎡를 임대하여 사용하기로 하고,
   임대보증금 칠백만원에 임대기간은 2016년 9월 22일부터 2017년 9월 21일까지로 하여 월 임료
   는 매월 22일에 금(오십)만원씩을 지급하기로 하여 임대차계약을 체결하고 현재 피신청인이
   이를 점유·관리하고 있습니다.

2. 따라서 신청인은 임대기간 만료 후 위 계약에 관한 후일의 분쟁을 방지하기 위하여, 아래의 화해
   조항과 같이 화해신청을 하고자 하오니 당사자 쌍방을 소환하시어 화해가 성립되도록 권고하여
   주시기 바랍니다.

화 해 조 항

1. 피신청인은 신청인에게 별지목록 기재 부동산의 1층 일부 49㎡를 임대차계약 만료일인 2017년 9월 21일까지 원상복구하여 명도한다.

2. 피신청인은 신청인에게 2016년 9월 22일부터 2017년 9월 21일까지 월 임료로 금(오십)만원을 매월 22일을 지급한다.

3. 피신청인은 임차권 및 임차보증금을 타인에 양도, 전대, 담보할 수 없으며, 월 임대료를 3기 이상 연체할 경우 위 제 1항 기재 점포를 계약 해지하며 즉시 명도한다.

4. 피신청인은 위 제 3항에 의한 사유로 계약 해지되었으므로, 임차한 상가에 대한 권리금, 유익비 등은 일체 인정되지 않는다.

5. 피신청인은 계약 해지 후 명도지연으로 인한 명도 소송비용 및 강제집행비용을 부담하기로 한다.

6. 신청인은 위 제 5항에 의한 비용을 임대보증금에서 공제할 수 있다.

7. 피신청인은 임대차기간 중 피신청인의 고의·과실로 발생하는 화재·도난·안전사고 등에 의한 위 상가의 시설 파손에 대하여는 일체의 민·형사상의 책임을 진다.

8. 피신청인이 임차한 상가에 대한 내부수리를 할 때에는 신청인의 승낙을 받아야 한다.

9. 화해비용은 각자의 부담으로 한다.

별지(부동산) 목 록

시멘트벽돌조 슬래브지붕 2층
주택 및 소매점
1층 제2종근린생활시설(일반음식점) 70㎡
2층 주택 75.05㎡

입 증 방 법

1. 등기사항전부증명서 - 건물
2. 건축물관리대장
3. 부동산 임대차계약서 사본
4. 내용증명서

첨 부 서 류

1. 위 입증방법   각 1통
1. 신청서부본   1통
1. 송달료납부서   1통
1. 신청원인, 화해조항, 별지(부동산) 목록(신청서 부본과 별도) 각 1통

2017 . 04 . 11 .

위 신청인   (서명 또는 날인)

대구 지방법원 서부지원 귀중

11) 임대인은 임대차 계약 시에 추후 권리금을 인정하지 못한다고 할 수 있을까?

간혹 임대차계약서 작성 시 임대인이 특약사항으로 '계약기간 종료 시 임대인에게 권리금을 주장할 수 없다.'라는 내용을 계약서 특약사항에 기재해 달라고 하는 경우가 있다.

향후 임차인이 권리금 회수를 하려고 할 때 회수가 가능할까? 앞서 설명한 권리금 회수 기간을 보호하는 상가임대차보호법은 약자 보호를 위한 강행규정이다. 만약 강행규정에 반하는 행위에 대해 쌍방이 합의하였더라도 이러한 합의는 무효(효력이 없음)라고 할 수 있다. 결론적으로 '권리금을 임대인이 인정하지 않는다.'라는 약정을 특약사항에 기재했더라도 임차인에게 절대적으로 불리한 내용이므로 임차인은 임대차계약 종료 시까지 회수기한을 보장받을 수 있으니 해당 내용을 특약사항에 기재하는 것은 무의미하다고 볼 수 있다.

12) 전용면적? 공용면적?

전용면적은 순수하게 사용하는 실사용 면적이고, 공용면적은 공동으로 사용하는 공간으로 복도, 공용화장실, 지하실, 기계실, 계단, 엘리베이터, 주차장 등을 의미한다. 전용면적과 공용면적을 합한 면적이 바로 분양면적이다.

전용률이란 분양면적에서 복도·계단·화장실 등 공공시설면적을 제외한 실사용 면적이 분양 전체 면적에서 차지하는 비율을 나타내는 것이다. 전용률이 높다는 것은 그만큼 실사용 면적이 크다는 것을 뜻한다. 상가면적에는 공급면적과 실제사용 면적이 포함되어 있으며 상가 종류 및 특성에 따라 전용률이 달라지게 된다. 또한 해당 지역의 이용계획과 시 조례에 따라 차이를 나타내기도 한다.

1층 기준으로 평균 전용률은 단지 내 상가 72%, 근린상가 58%, 주상복합 53%, 테마상가(쇼핑몰)의 경우 35% 선이다. 단지 내 상가는 상가 층수가 대체적으로 낮고 공용면적이 차지하는 비율이 상대적으로 적기 때문에 타 상가 대비 상대적으로 높은 전용률 확보가 가능하다.

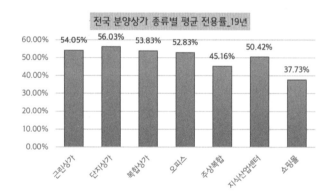

반면 가장 낮은 전용률을 보이는 쇼핑몰 같은 테마상가는 다수의 고객 유입 목적인 상가의 특성상 공용면적이 크고, 면적이 작은 점포가 다수 입점하기 때문에 전용률이 낮게 형성된다.

전용률이 높고 낮음은 상가의 좋고 나쁨을 따지는 기준은 아니다. 전용률이 높으면 실제 사용공간은 넓지만 내부 이동통로나 주차공간, 휴게공간 등의 공용공간이 좁아 고객들이 불편함을 느낄 수 있다.

과거에 비해 고객 편의성에 중점을 두는 추세로 공용면적이 늘어나고 상대적으로 전용률이 낮은 상가가 많아지고 있다. 실제 사용공간의 넓이보다 외부고객의 유입이 중요한 상가의 특성상 무조건 높은 전용률보다는 적절한 전용률의 상가가 투자적 가치가 높다. **투자자는 상권별 1층 상가 평균전용률 기준으로 고객의 유입동선 및 부대시설 확보가 중요한 상가인지, 매장공간확보가 중요한지 상권특성에 맞는 전용률을 판단하는 것이 중요하다.**

13) 상가, 오피스텔, 아파트 면적 산정 방법은?

면적 산정		아파트(주택법 적용)		오피스텔, 업무시설, 상가 등 (건축법 적용)		면적 산정
		분류	내용	분류	내용	
-	실면적	서비스 면적	전용/공용 어디에도 포함되지 않는 면적 (발코니, 다락,, 지 상주차장 등)	전용면적	실제로 사용되는 공간 (거실, 방, 주방, 매장, 사무실 등)	실면적
계약면적	분양면적	전용면적	실제 거주에 사용 되는 공간 (거실, 방, 주방, 욕실 등)			계약면적
		주거공용면적	거주공간과 직접 적으로 연결된 공용면적 (ELV, 복도, 계단, 기계실 등)	공용면적	입주민이 공용으로 사용하는 공간 (ELV, 복도, 계단, 주차장 등)	
-		기타 공용면적	거주공간과 떨어진 곳에 위치한 입주인 전체의 공용 공간(주차장, 관리실, 커뮤니티 시설)			

아파트와 오피스텔의 차이점은 서비스 면적의 유무이다. **아파트의 경우** 발코니 등의 공간이 서비스면적으로 제공되며, 이 면적은 전용, 공용, 계약면적에도 포함되지 않아, 동일 면적의 다른 상품보다 넓은 것이 특징이다.

아파트와 오피스텔의 또 하나의 차이점은 평수를 측정하는 기준이 상이하다. 아파트는 안목치수 즉 눈으로 보이는 벽체 사이의 거리를 기준으로 전용면적을 측정하는 반면, 오피스텔은 벽체 두께 포함한 벽체 중심선을 기준으로 한다. 결론적으로 벽 두께만큼 전용면적의 차이가 발생한다. 예를 들어 30평형이 안목치수라면 실제 사용 면적이 30평이지만, 중심선 치수라면 실제 사용면적이 이에 미치지 못한다.

(참고: 아파트는 1998년, 오피스텔은 2015년 이후 착공된 건물들은 모두 안목치수로 적용)

임대를 맞추려고만 하지 말고, 나만의 기준을 세워 디자인하라

상가를 디자인한다는 개념은 쉽게 말하면 내 상가에 맞는 업종이 무엇인지 상가 투자를 하는 투자자가 먼저 아는 것이 좋다는 것이다. '난 좋은 위치에 상가 매입을 했으니, 창업을 알아보는 사람들이 알아서 좋은 업종 맞춰서 들어오겠지!'라고 생각하는 투자자들이 의외로 많다.

하지만 이러한 생각은 가장 위험한 생각 중에 하나이다. 예비창업자들도 생각보다 중개인 손에 이끌려 정밀한 분석 없이 상가 임대차 계약을 하는 경우도 빈번하기 때문이다. 임대인 입장에서는 임대차계약을 맺으면 좋지만, 만약 상가 업종이 해당 상권에 맞지 않아 임차인이 운영하는 매장의 매출이 부진할 경우, 중도 폐점을 할 가능성이 높다.

그럴 경우, 임차인이 자신의 후속임차인을 구해서 나가면 좋은데, 계약 만료가 되면서 공실로 비워두고 나가게 되면 최악의 상황이 발생되는 것이다. 창업을 할 상가를 구하는 예비창업자 입장에서는 그 매장은 '망해서 나간 자린데, 안 하는 게 낫겠다.'라는 이미지가 생긴다. 이러한 이미지로 장기간 공실이 이어질 경우, 임차료를 낮추게 되고, 결국 상가의 가치는 뚝뚝 떨어진다.

상가투자를 고려한다면 반드시 내가 관심을 가지고 있는 상가에 맞는 업종을 먼저 몇 가지 염두해 두고 투자할 것을 다시 한 번 강조하고 싶다. 예를 들어, 최근 몇 년 사이 급성장한 배달업종이 가능한 상가를 투자하고 싶다면, 어떤 위치가 배달업종과 잘 맞는지를 생각해 보면 막연할 것이다.

그렇다고 지역별 부동산을 돌아다니면서 '배달업종하기 좋은 상가 하나 추천해 줘요.'라고 하면 중개인 입장에서는 거래성사가 중요하기 때문에 정밀한 분석 없이 거래가 깔끔하게 될 만한 상가를 바로 소개할 것이다.

이러한 순서로 가는 것은 지양해야 한다. 그렇다면 어떻게 하는 것이 좋을까? 요즘 같은 정보 과잉시대에 여러 정보를 활용하면 의외로 쉽게 일이 풀릴 수 있다. 배달은 일단 주문이 많이 나오는 지역을 찾는 것이 중요하다.

모바일로 최근 핫한 배달앱인 쿠팡이츠의 '쿠팡이츠 배달파트너'라는 앱을 설치한다.

ㄱ. 회원가입 후, 메뉴로 들어가면 주문집중 지역이라는 카테고리가 있다.

ㄴ. 주문집중지역으로 들어가면 지역별로 나누어져 있으니, 원하는 지역을 클릭한다. 예를 들어 '서울 강서구'를 클릭해 보겠다.

ㄷ. '서울 강서구'를 클릭하면 전체 강서구에 대한 지도에 붉은색으로 표시가 되어 있는 것을 확인할 수 있다. 빨간 색이 진할수록 배달 주문이 많이 들어오는 지역이라고 생각하면 된다. 전체 강서구 지역에서 원하는 강서구 내 지역 확대가 되니, 최대한 확대하여 확인하면 된다.

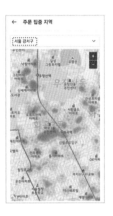

자신이 투자를 검토 중인 지역이 붉은 색으로 진하게 표시되어 있다면 배달업종으로 유치 시, 실패확률이 그만큼 떨어질 것이다. 이러한 식으로 업종을 디자인할 때에는 정보홍수에 살고 있는 장점을 적극 활용하여 자신이 투자한 상가에 적합한 업종이 입점될 수 있도록 투자자 스스로가 먼저 노력할 것을 권하고 싶다.

상가투자사례 A_
상가투자의 기준을 스스로 디자인하라

10년 넘게 소매매장 개설 업무를 하면서 창업에 대한 관심만 많았지 상가를 구입하거나 투자해야겠다는 생각은 전혀 생각해 보지 않았다. 회사 업무를 하다 보니 주변에서 상가투자로 성공한 사람도 있고, 자신 명의의 상가를 가지고 있는 지인들이 너무 부러웠다. 그러던 중에 '나도 상가투자를 해 봐야지'라고 마음을 먹고 '나만의 기준'을 만들기 시작했다.

편의점, 외식업, 통신매장 매장 개발 업무를 하면서 편의점은 평균 임차료 150만원 미만, 외식업은 평균 임차료 200~500만원, 통신매장은 평균 임차료 800만원 이상의 매장개설을 하였다. 다양한 업종의 상권분석을 통하여 적정 임차조건을 보는 안목은 가지고 있었다.

매장을 보는 안목은 나름 가지고 있었지만 역시나 30대 청년에게 큰 돈이 있을 리 만무하여 기준을 정해 봤다.

1) '상대적으로 상가매매 가격이 저렴한 노후 단지 내 상가로 투자하자!' 라고 기준을 설정하였다.

2) 단지 내 상가 중에서도 1층은 매매가가 높게 형성되기 때문에 **3층 이상은 제외**(3층 이상은 우수 상권을 제외하고 임대를 맞출 수 있는 업종들이 극히 제한적)하고 **지하1층 또는 지상 2층을 타겟으로 선정하였다.**

> 지하는 외부에서 접근성만 확보된다면 배달업종 입점 검토 가능
> 2층은 사무실 및 소규모 보습학원, 공방 입점 검토 가능

단지 내 상가는 1,000여 세대 + 상권에 맞는 업종만 잘 맞춰지면 미용실 등의 단골장사 업종이 많기 때문에 안정적으로 임대료가 발생할 수 있는 좋은 입지라고 볼 수 있다.

하지만 **신축 아파트단지 내 상가**는 면적 10평 정도의 협소한 매장 분양가도 높아 목표 수익률을 달성하기 어렵고, **구축 단지 내 상가**는 기존 임차인이 구성되어 있고 투자 수익률 4~5% 수준에 맞춰져 있는 상태에서 임대인들이 시장에 매물로 내놓기 때문에 매수자들이 생각하는 수익률과의 갭차이가 발생할 수 있다.

※ 통상적으로 매도자는 4~5% 수익률 매매를 원하고 매수자는 6~7%를

최소로 생각한다.

임차료가 120만원이라고 가정해 보자.

(수익률 4% 가정 시) 현재 임대인은 매매가 **3억 6000만원**으로 매매가를 결정할 것이고,

(수익률 6% 가정 시) 매수자는 매매가 **2억 4000만원** 정도가 합당하다고 생각할 것이다.

수익률 1~2%에 따라 매매가 차이가 크다.

1,200,000 × 12개월 / 4% = 360,000,000원

1,200,000 × 12개월 / 6% = 240,000,000원

⟹ 120,000,000원의 차이 발생

[참고그림_층별 분양가 비교(2019년)]

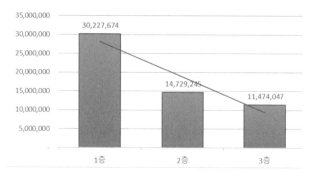

전국 분양상가 층별 평균 분양가(3.3㎡)

3.3㎡ 기준 1층 3020만원, 2층은 1470만원으로 1층 분양가 기준 2층은 48.7%, 3층은 38.0%로 수치를 보인다.

3) 투자금이 적은 필자는 노후 단지 내 상가 매물을 대상으로 **향후 재건축까지 고려하여 대지지분이 높고, 인근 부동산 등을 통해 상가 중에서 임차인이 퇴거예정인 물건에 대한 정보 수집을 했다.** 임차인이 퇴거예정인 물건들은 임대인이 공실에 대한 **두려움이** 크기 때문에 임차인이 유지된 상태에서 희망매매가보다 낮은 가격으로라도 빠르게 매각을 하고 싶어하는 경우가 다수이다.

세 가지 기준에 맞춰 기준에 부합하는 매물을 열심히 찾았다. 그러던 중 청량리 단지 상가 2층, 실평수 9평 세탁소를 운영 중인 매장이 매물로 나와 있는 것을 확인하고, 세탁소를 타겟으로 매매작업에 들어갔다. 세탁소가 퇴거 예정이고 3개월 전부터 부동산에 임대를 내놓았는데 **'거래문의가 뜸하다.'**는 정보를 파악했다.

임대인은 희망 매매가 6500만원(현재 임차조건: 보증금 500/월 35만원)으로 시장에 매물을 내놓았지만 임차인 퇴거 상황에 대한 파악을 한 필자는 '5100만원에 매수하지 않으면 안 하겠다.'라고 제시하였고 일주일 후 임대인은 5100만원에 매도한다고 연락이 왔다.

3개월 동안 임대가 맞춰지지 않았다는 점은 분명 위험요소이기는 했지만 1,000여 세대의 단지 내 상가라는 점과 구축이긴 하나 임차료 35만원 선이면 충분히 임차인을 맞출 수 있다는 자신감이 있었다.

또한 **월 35만원 정도의 비용은 장기적인 공실이 되더라도 경제적으로 감당할 수 있는 수준으로 판단**을 했다. 결정적으로, 임대가 되지 않은 원인은 세탁소가 오랫동안 영업을 해서 철거 시 내부가 너무 지저분해 후속 임차인들이 들어오는 것을 꺼린다는 것이었다. 노후된 부분에 대한 단점만 보완한다면 임대는 분명히 맞춰질 거라는 확신이 들었다.

세탁소가 퇴거하고 가장 먼저 **200만원을 투자하여 바닥, 천장 공사** 등을 통하여 내부 환경을 개선하였다. 그리고, 보증금 500만원 조건의 소자본 창업 희망자는 대부분 여유자금이 부족하여 기존 시설이나 장비를 활용할 수 있는 매장을 선호한다는 판단 하에 필자는 추가로 15평형 중고에어컨을 70만원에 매입하여 설치한 후, 임차인을 구하기 시작했다.

다행히 내부환경 개선 후, 임대문의가 평소보다 증가하였고 약 2주 만에 미술학원 입점을 원하는 임차인과 임대계약을 체결하게 되었다. 협의 끝에 기존 임대인이 받던 임차조건보다 3만원 상향된 **월 38만원의 임차료**를 받게 되었다.

결론적으로 매매가 5100만원 + 환경개선비용 270만원 = 5370만원 투자로 월 38만원 수익이 발생하게 되어, 약 8.5% 수익률을 거두고 있다.
(등기비, 중개비는 임차보증금 500만원으로 상쇄)

아파트 투자와 다르게 상가투자는 환금성이 떨어지고, 상권하락 시 장기적 공실 발생 위험도 있어 투자하기 쉽지 않다. 또한, 상가매매 시 아파트처럼 수요가 많지 않기 때문에 투자자들의 관심도가 떨어지는 단점도 있다. 그러나, 상황에 따라 급매물을 저렴하게 매매할 수 있는 기회가 생기기도 한다.

대출 비중을 최대한 높여, 고액 상가를 매입하여 고임차 조건으로 임대를 구하는 방법도 있지만, 초보 투자자에게는 큰 금액의 상가투자는 공실 발생 시 돌이킬 수 없는 막대한 피해가 발생할 수 있어 권장하고 싶지 않다.

1억원 미만 소액상가들의 단점은 매수 시 1금융권에서 대출을 받기 쉽지 않다. 1금융권에서는 대출수익률 등의 문제로 1억원 미만 상가들의 대출이 대부분 승인나지 않는다. 농협, 수협, 신협 등 2금융권은 소액상가 대출이 가능하지만 금리가 높다.

(구분상가와 다른)개방형 상가

추가적으로 그림과 같은 개방형상가도 금융권 대출이 쉽지 않다. 상가 매입 시 이러한 부분을 숙지하여 자금마련 계획에 차질이 없도록 해야 한다.

Check Point!

최근 창업트렌드를 기준으로 초보투자자에게는 1억원 내외의 자본으로 1인가구를 타겟으로 배달을 할 수 있는 업종 / 소형 면적(10평 내외)의 상가투자를 권장한다.

한 가지 명심해야 할 점은 싸게 시장에 나와 있는 매물들은 바꿔 말하면 그만큼 매력도가 떨어진다고 할 수 있으니 투자에 신중해야 한다. 그렇기 때문에, 공실이 발생해도 경제적으로 부담을 느끼지 않을 금액대의 상가를 투자할 것을 추천하는 것이다.

눈앞에 펼쳐진 현재의 상황만을 보는 것이 아니라, 앞서 언급한 청량리 2층 상가 매입과 같이 나만의 기준을 만들어 보다 체계적인 매뉴얼을 만들어 나간다면 상가 투자 실패의 위험을 줄일 수 있을 것이다.

상가투자사례 B_
창업트렌드에 따라 지하에 있는 상가도
소액투자로 해 볼 만하다

　단지 내 상가 건축연도별 기준으로 수익률을 분석해 보니 1980년도에 건축된 단지 내 상가는 아파트 재건축 이슈 훈풍에 맞물려 수익률 대비 매매가격이 높게 형성되어 있었다. 신축상가 역시 고분양가로 인하여 수익률이 높은 매물을 확보하기가 쉽지 않다고 판단하고 **1990년~2000년 사이의 단지 상가 위주로 매물관리를 하였다.**

[참고_건축연도별, 규모별에 따른 수익률]

구분	건축연도별					호별면적 규모별		
	1980년 이전	1981- 1990년	1991- 2000년	2001- 2010년	2010년 이후	100㎡ 미만	100- 330㎡	330㎡ 이상
전국	6.69	6.03	6.85	6.89	5.65	6.69	6.34	6.06
서울	6.61	6.91	8.08	8.38	7.66	7.26	7.82	7.62
부산	6.05	3.91	5.88	5.83	2.44	5.31	4.95	5.17
대구	4.75	5.72	6.07	5.97	6.07	5.91	6.02	5.10

필자는 매물을 알아보면서, 공실 발생 시 직접 배달업종을 창업하는 부분까지 고려하고 있었으며 최근 트렌드가 **배달업종**이기 때문에 **임차료 30~40만원**(배달창업은 입지보다는 임차료가 저렴하고, 배후가 갖춰진 곳 선호) **선의 단지 상가를 매매하기로 방향을 정했다.**

이번에도 역시 투자 기준을 정하였다.

1. 최소 900세대 이상, 1990년대 건축된 단지 내 상가
2. 임차료 시세 30~40만원대 매물, 수익률 6% 이상 (목표)
3. 반경 1km 내 6,000세대 이상의 배후세대가 확보된 상가

처음 상가를 알아보려고 하면, 어디부터 봐야 할지 막연하기 때문에 네이버 부동산을 통해 희망지역 정보를 검색하고 현장 방문하는 것이 가장 좋은 방법이다. 네이버 부동산에서 검색한 기본정보를 바탕으로 지역 부동산을 방문한다면 시간도 단축될 수 있고, 더 많은 매물을 확인할 수 있다.

이해가 쉽게 검색 요령을 정리해 보았다.

① 네이버 부동산서 1.5억원 내외 설정하고 단지 상가 위주로 검색

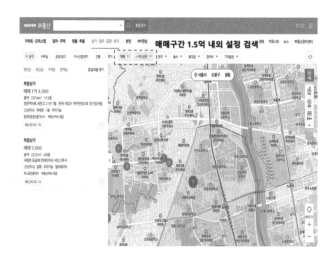

② 지속적으로 희망지역을 검색한 결과 주변 배후세대도 풍부하고 매매가도 6500만원 선에 나온 창동 인근 단지 상가를 찾을 수 있었고, **희망 매물이 있는 위치가 표시된 지도를 캡쳐하여 배후세대까지 정리한 후 현장확인을 하였다.**

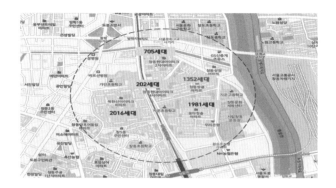

현장방문 당시, 6500만원의 저렴한 매물이었기 때문에 예상했던 대로 상태는 그리 썩 좋지 않았다. 위치는 단지 내 상가3층 건물의 매물이었다. 대부분 투자자들의 인식이 **'지하'**라는 명칭이 붙으면 부담스러워하고, 애초에 관심 자체를 가지려고 하지 않는다. 필자 역시 향후 매각 시 어려운 부분이 많을 거라 생각되었다.

현 상가의 단지세대, 주변 배후세대, 세대 수 대비 적정상가비율, 건물 내 공실이 없다는 점에 계속 끌렸지만 지하라는 단점 때문에 쉽게 결정을 하지 못했다. 처음에는 '하지 말아야지'라고 다짐했으나, 고심 끝에 입장을 바꿔 계약하였다.

기존 임대인은 상가를 몇 개 보유하고 있어서 세금 문제로 정리한다고 했지만 임차인이 2개월 뒤 퇴거 예정이었고 그로 인한 리스크로 매매하는 것이었다. 공실에 대한 걱정도 있었지만 공사현장사무실로 단기 임대 중이고 만일 퇴거하더라도, 과거 5년간 중국음식 배달전문점으로 운영되었던 이력이 있어 다시 배달전문점으로 운영하자는 생각을 했다. 또한 6500만원의 소액투자이기 때문에 공실 발생 시에도 비용을 어느 정도 감당할 수 있는 자신이 있었다.

매매 후, 운이 좋게 단기로 사용하던 공사현장 사무실이 5개월 연장하게 되어 당분간 공실에 대한 걱정은 덜게 되었다.

결론적으로 매매가 6500만원 투자로 월 40만원 수익이 발생하게 되어, 약 7.3% 수익률을 달성 중이다.

(등기비, 중개비는 임차보증금 500만원으로 상쇄)

Check Point!

임차인을 구해야 하는 상황이 생길 경우, 경험상 다음과 같이 여러 루트를 통하여 동시다발적으로 구해야 조금이나마 신속하게 구할 수 있다.

[임차인 신속히 구하는 노하우]

1. 소유 중인 상가 인근 **부동산 3~5곳** 이상 방문하여 임대 등록

2. **피터팬 카페에 물건 등록과 동시에 네이버 부동산에도 등록**한다. 많은 사람들이 네이버 부동산에 매물 등록은 중개사무소를 통해서만 가능하다고 생각하는데, 소유주가 직접 올릴 수 있다. '부동산스터디'라는 카페에 가입하여 왼쪽에 있는 카테고리 중 '매물의뢰/분양홍보' ⇒ '네이버 부동산에 매물 올리기'를 클릭하면 절차가 상세히 설명되어 있다.

3. 앞서 설명한 바와 같이 해당 상가에 어떤 업종이 입점하면 좋을지에 대한 고민을 한 후, 해당 업종의 대표 프랜차이즈 담당자에게 소개한다. 프랜차이즈 업체 홈페이지에 들어가면 창업 관련 문의란이 있어 상담 신청하면 되고, 해당 콜센터로 전화해도 각 지역 담당자를 소개

받을 수 있다.

**4. '아프니까 사장이다' '급매물과 반값매매' 등 인기카페에도 등록하고
주기적으로 업데이트를 한다.**

* 위에서 알려 준 방법은 부동산 중개인의 소개로 임차인을 구하여 계약
하는 상황을 제외하면 모두 무료로 가능하기 때문에 자신이 열심히 적극
적으로 구인한다면, 비용을 충분히 절감할 수 있다. 그러나, 벼룩시장 또
는 교차로 등의 유료 광고는 비용대비 효과가 떨어져 개인적으로 권하고
싶지 않다.

상가투자사례 C_
싸다고 건드렸다가는,
돌이킬 수 없는 강을 건널 수도 있다

개인적으로 아픈 기억이 있는 상가투자사례를 고백하고자 한다.

약 2년 전 준공예정인 20층 건물 1층 상가를 친한 후배로부터 소개받았다. 건물의 측면에 있는 22평 상가인데, 외부계단으로 인하여 상가 앞부분이 약간 가려져 상가 가치가 떨어질 것이 예상되어 할인을 한다는 것이었다. 8억 6000만원이었던 분양가를 4억 6000만원에 할인을 한다는 소식을 듣고, 현장 방문을 해서 상권을 살펴보았다. 해당 건물에 450세대의 오피스텔이 분양이 끝난 상태였고, 인근에 공단 근로자, 사무실, 기숙사, 오피스텔, 비즈니스 호텔 등으로 구성되어 있었다. 2주 정도 고민 끝에 상가 분양을 받기로 결정했다.

이유는 다음과 같았다.

1. 측면에 있기는 했으나, 면적이 22평이어서 다양한 업종 입점이 가능,

전면에 있는 상가들은 면적이 대부분 10평 미만으로 입점 가능한 업종 제한적임.

2. 경기도 안산, 시흥, 부천 등의 지역의 신축 상가의 평균 분양가 대비 약 40% 이상 저렴하게 분양받을 수 있었기 때문에 굉장히 안정적인 임대 수익률을 올릴 수 있을 것이라고 판단함.

단순계산으로 분양가 4억 6000만원, 보증금 5000만원, 월 170만원으로 책정해서 임차를 해도 5% 이상의 수익률 발생. 월 200만원은 받을 수 있을 것이라고 예상함.

3. 시행사측과 계약 조건으로 김밥과 커피는 독점임대 가능 조항 삽입했고, 두 가지 업종 가운데 하나의 업종은 건물 상가에서 반드시 임차하고자 하는 희망자가 나타날 것이라고 확신함.

4. 하나은행 지점에서 실사를 나와 임대상가로서의 가치가 있어 대출을 70%까지 받을 수 있다고 함.

결정적인 건 나름 상가를 안다고 생각하였기 때문에 지나친 자기 확신으로 냉정하게 봐야 할 요소를 챙기지 않았다. 한마디로 콩깍지가 씌인 것이었다.

냉정하게 봤어야 했는데 놓친 부분은 다음과 같다.

1. 아무리 신축상가라고 해도, 주변 구축 건물들의 시세를 소홀히 해선

안 됐었다.

⇒ 임차인의 입장에서 당연히 신축건물에서 깔끔하게 장사를 하고 싶겠지만, Gap이 크면 당연히 구축에서 하려고 할 것이다. 인근 구축 건물의 시세가 저렴하다 보니, 신축이라고 선뜻 임차하겠다고 나서는 사람이 없었다.

2. 해당 건물에 공단 근로자들이 많아, 퇴근 시간대에만 북적북적하고 낮 시간대에는 건물 상주하는 인원이 극히 드물었다.

⇒ 그 부분을 어느 정도 인지했으면서도, 김밥집이 들어오면 충분히 해 볼 만하다고 생각했다. 퇴근 시간대 건물 거주하는 주거민들을 상대로 장사하고, 점심 시간대에는 인근 오피스 근무자들을 상대로 장사하면 높은 매출이 나올 것이라고 생각하였다. 그러나 오피스 근무자들은 여러 메뉴가 다양하게 있는 지하식당가로 향하고, 독립적으로 운영하는 로드샵은 이용률이 높지 않을 수도 있다는 점을 간과했다.

그리고 이 외에도 가장 결정적인 것은 사회환경적 요인인 코로나였다. 운도 실력이라는 말이 있듯이, 운이 너무 없기도 했다. 그러나 냉정하게 분석하여 상가투자를 했으면, 코로나라는 최악의 시기에도 임차가 될 수 있었을 것이고, 냉정하게 분석하여 상가투자를 하지 않았다면, 코로나로 상황이 악화되었을 때 나 스스로를 칭찬했을 것이다.

이 책을 읽는 독자에게 바라는 점이 있다.

밥만 먹고 상가 보러 다니는 사람도 콩깍지가 쓰이면 답이 없다. 그렇기 때문에 앞서 언급한 내용들을 숙지하고, 체크리스트 작성 등을 통하여 객관적이고 냉정하게 투자 분석해야 실패확률을 줄일 수 있다.

상가투자사례 D_
보유하고 있는 상가의 공실이 지속된다면
하나의 상가를 둘로 쪼개는 것도 고려해라

코로나19로 인하여 많은 자영업자들이 어려움을 겪는다는 것을 대한민국 국민 중에 모르는 사람은 없을 것이다. 현장을 나가서 업무를 많이 하다 보니, 최근 몇 개월 사이에 눈에 띄게 공실이 많은 것을 확인하게 된다. 상가투자를 알아보기 시작한 예비투자자들은 최근의 상황을 보고, 진지하게 고민을 하는 경우가 많아 공실에 대한 부분이 막연하게만 느껴질 것이다.

그러나, 상가 임차가 활성화되고, 장기간 영업하던 임차인이 갑자기 계약종료와 함께 연장을 하지 않겠다는 연락이 오면 임대인은 걱정이 되기 시작한다. 특히, 코로나로 인하여 많은 제약이 따르고 소비위축이 이어지는 현시점에서는 더더욱 암담할 것이다.

필자는 상가투자사례 C에서 다룬 신축상가의 공실에 대한 해결책을 상가 분할에서 찾았다. 당연히 하나의 매장을 모두 사용하는 것이 가장 이상적이겠지만, 그만큼의 보증금과 임차료, 관리비까지 추가로 부담을 해야 하기 때문에 임차인 입장에서 선뜻 결정하기는 쉽지 않을 것이다.

경기가 좋고, 실물경제 회복세라고 한다면 조금 더 추이를 지켜보면서 기다릴 필요도 있겠지만, 상당기간 경기침체가 예상된다면 임대인은 무언가 임차인의 구미를 당길 수 있는 방법을 강구하여 공격적인 전략을 펼치는 것이 좋을 것이다.

필자는 임차인의 구미를 당기게 할 수 있는 것이 무엇일까를 고민했고, 그 해답은 바로 분할이었다.

임차인의 입장에서 상가를 알아보는 과정에서 느끼는 여러 아쉬움들이 있다.

1. 상가위치가 맘에 드는데 월 임차료가 비싸다.

2. 임차조건은 맘에 드는데 위치가 맘에 들지 않는다.

3. 위치는 좋은데 면적이 너무 커서 비효율적이다.

이러한 많은 경우의 수를 흡수할 수 있는 방법을 찾는다면 조금이라도 공실의 기간을 줄일 수 있는 솔루션이 될 것이라고 생각하였다.

분할 시 반드시 알고 있어야 할 3가지는 다음과 같다.

1) 상가를 둘로 나눈다고 해서 가격도 반드시 반반이 되는 건 아니다

예를 들어 보자.

재형타워101호 20평 상가를 소유 중인데 현재 공실이다. 희망 임차조건이 보증금 2000만원 / 월세 200만원 / 기본관리비 20만원이다.

분할하면 다음과 같다.

101-A: 10평사용 / 보증금 1000만원 / 월세 100만원 / 기본관리비 10만
원 부담

101-B: 10평 사용 / 보증금 1000만원 / 월세 100만원 / 기본관리비 10만
원 부담

이렇게 두 개의 상가로 나누게 되면 임차인을 확보할 가능성은 훨씬 높
아질 수 있다.

여기서 유의해야 할 점은 두 개를 반으로 나누었을 경우 A와 B의 매장
컨디션이 동일하다고 하면 조건 역시 똑같이 나누면 되겠지만, 가시성, 노
출도, 코너 또는 일면 여부, 출입구 옆인지 등에 따라 A와 B의 가치책정이
다를 수 있다.

필자의 경우 분할한 두 개의 매장을 전혀 다른 조건으로 책정하였다.

A매장: 건물 출입구 옆에 있고, 전면 4m, 면적 13평, 외부계단으로부터
가시성이 확보
B매장: 출입구 옆이 아니고, 전면 3m, 면적 9평, 외부계단으로부터 약
간의 시야 가림

만약 22평을 보증금 2000만원 / 월 150만원으로 진행했다면 분할 시에
는 다음과 같다.

A매장: 13평 보증금 2000만원 / 월 105만원

B매장: 9평 보증금 1000만원 / 월 55만원

→ 합계: 22평 보증금 3000만원 / 월 160만원이 된다.

이러한 식으로 각 매장마다의 가치를 책정하여 차등을 두고 임차조건을 책정해야 한다. 추가로 더 높게 책정한 이유는 분할할 경우에 이어서 설명하게 될 발생비용이 적지 않기 때문이다. 비용발생에 대한 보전의 개념으로 기존에 생각하던 임차조건보다 약간 올려서 임차를 구하는 것이다.

2) 분할을 결심했다면 어느 정도의 비용은 머릿속에 생각하고 있어야 한다

필자의 경우 분리벽 작업 + 출입문 추가 설치 + 스프링쿨러 이전설치 + 분전반 추가로 인하여 약 510만원의 비용이 발생했다. 임차인이 전체 면적을 사용했을 경우 발생하지 않아도 될 비용이 발생되기 때문에 임차조건을 높게 책정하여 손실을 조금이라도 줄이는 것이 좋다.

[견적서]

NO	품 명	규 격	단위	수량	단 가	금 액	비 고
1	벽체공사					0	
2	분리벽작업	판넬 75t	hb	42	32,000	1,344,000	
3							1,344,000
4	샷시 및 유리 시공						
5	프레임(sus)	2100*950	식	1	350,000	350,000	
6	도어	강화유리 12t C	ea	1	250,000	250,000	
7	가네모부속	아래힌지포함	ea	1	180,000	180,000	
8	페어유리	24t 800*2100	ea	1	210,000	210,000	
9	재료분리대		ea	1	120,000	120,000	
10	소계					0	1,110,000
11	설비공사					0	
12	인건비	하수구 포함	품	1	280,000	280,000	
13	인건비(조공)	하수구 포함	품	1	180,000	180,000	
13	장비대	컷팅기	식	1	100,000	100,000	
14	부자재		식	1	140,000	140,000	
15	폐기물		식	1	80,000	80,000	
16	소계					0	780,000
17	전기공사,소방					0	
18	인건비	전기	품	2	250,000	500,000	
19	분전박스		ea	1	250,000	250,000	
20	부자재		식	1	145,000	145,000	
23	감지기		ea	2	4,500	9,000	
24	시각경보기		ea	1	28,000	28,000	
25	비상등	천장형 다운라이트	ea	2	12,000	24,000	
26	인건비	신규 선로작업 포함	품	2	250,000	500,000	
27	스프링쿨러	이설작업(배수비요포함	식	1	100,000	100,000	
28	소계					0	1,556,000
	소 계					4,790,000	
	공과잡비 및 기업이윤	직공비*15%	식	1		383,200	
		단수정리			백단위절삭	-200	
	합 계 금 액					5,173,000	

이 견적서는 분할할 당시의 견적이다. 상가 내부의 컨디션에 따라 달라지겠지만 적지 않은 비용이기 때문에 분할을 하려고 마음을 먹었을 경우 사전에 이러한 부분도 감안해야 하고, 어떤 항목이 어느 정도의 견적이 나

오는지 참고하면 추후에 공사업체와 논의할 때에도 큰 도움이 될 것이다.

3) 분할할 경우, 임차인으로부터 세부내용에 대한 확인을 반드시 해야 한다

옛말에 '화장실 들어갈 때와 나갈 때 다르다.'라는 말이 있다. 처음에 분할할 때는 쿨하게 얘기하다가, 장사가 안 되면 이것저것 트집 잡는 임차인이 종종 있다.

예전에 편의점 개발 업무를 할 때, 30평의 매장을 커피숍과 편의점이 반씩 사용하는 조건으로 분할을 하였다. 우리 쪽에서 필요로 했던 부분이기 때문에 분할 비용 역시 가맹점주가 부담키로 했다. 커피숍은 개인사정으로 1개월 정도 후에 공사 진행한다고 하여 편의점 공사를 먼저 진행하고, 오픈까지 하였다. 그런데, 커피숍이 공사를 시작하면서 실측을 했는데 15평이 아닌 14.5평이라고 하며 0.5평을 자신이 피해를 보게 됐다고 본사에 항의를 하였다.

대수롭지 않게 생각하고 커피숍 사장을 만났는데 너무나도 황당한 소리를 들었다. 임차료를 0.5평만큼 더 낸다고 했더니, 자신은 0.5평이 반드시 필요하다고 가설벽을 다시 옆으로 당기라고 하는 것이었다. 어이가 없어 '인테리어 공사도 마무리되고 장비배치까지 끝나 오픈까지 했는데 너무하신 거 아니세요?'라고 했더니, 자신은 양보할 수 없다고 하며 강경한 입장을 고수했다.

결국 보상을 받기 위한 것임을 알았기에 매월 0.5평만큼의 임차료 부담과 함께, 800만원의 일시 합의금을 주었다.

이처럼 생각지도 않은 일들이 벌어질 수도 있기 때문에 반드시 다음과 같이 별지를 만들어 사용면적에 대한 부분부터 사용부분 표시까지 디테일하게 작성하여 확인을 받는 과정이 필요하다.

이렇게 정확하게 면적도 나눠놔야 매월 산정해서 부과되는 기본관리비에 대한 부분도 논쟁 없이 깔끔하게 해결할 수 있다.

*별지			
[분할 사용공간 표기]		B106호 전용면적 73.875㎡	
CU편의점	건 물 출 입 로	B106-2호 (44.175㎡/13.39평) 사용비중 59.8%	B106-1호 (29.7㎡/9평) 사용비중 40.2%

최근 상업용 상가는 최악의 시기를
맞이하고 있다 - 그래도 투자를 한다면?

코로나 19로 인해 부동산 경기가 침체기에 있는 상황이지만 특히 부동산 중 상가는 최악의 시기를 맞이하고 있다. 전문가들도 일정 기간 동안 상가투자를 보류하는 것이 좋다고 하는 상황이다.

■수익률 더 떨어질 수도...매수 신중해야
전문가는 상가 시장의 침체된 분위기가 이어질 것이라며 매수에 신중할 것을 강조했다.

상가투자 관련 내용

조현택 상가정보연구소 연구원은 "코로나19 이후 소셜커머스, 배달 애플리케이션, 중고물품 애플리케이션 등의 사용이 증가하면서 오프라인 매장 매출에 적지 않은 타격을 줬는데, 이는 상가 공실률에 이어 상가 투자 수익률에도 영향을 줬다"라며 "시장 상황이 워낙 안 좋은 데다 서울뿐 아니라 지방 곳곳 상권들도 쇠락하고 있어 매수 가격이 내려갔다고 당장 투자하는 것은 매우 위험하다"고 강조했다.

코로나19로 인한 소비감소도 원인 중에 하나이겠지만, 코로나19로 인하여 소비패턴이 온라인쇼핑으로 빠르게 전환된 점도 상가공실률 증가에 큰 몫을 차지한다.

[상가정보연구원 자료참조]

2020년 1월 온라인 쇼핑 총 거래액은 12조 3906억원으로 전년(10조 7230억원) 동기 대비 15.6% 증가했다. 온라인 쇼핑 총 거래액 가운데 8 조 2730억원은 모바일 거래액으로 지난해(6조 8129억원) 같은 기간보다 21.4% 늘었다.

오프라인 상가 수요가 줄어들자 상가 성패 여부인 공실률은 통계 이래 최고치를 기록했다. 감정원에 따르면 지난해 4·4분기 전국 중대형 상가 공실률은 11.7%로 통계를 집계하기 시작한 2002년 이후 가장 높은 수치 를 기록했다. 서울 지역 가운데 이태원(26.4%) 상권의 공실률이 가장 높 았다. 사당(16.7%), 신촌(11.6%), 용산(11.4%), 신사역(11.3%), 장안동 (9.7%), 종로(5.5%) 등이 뒤를 이었다.

임차인의 안정적인 수익이 발생해야 임차료 인상도 가능하고 상가가치 도 올라가게 되어 결국 상가의 가치를 올려 준다. 하지만 자영업 시장의 붕괴로 인한 수익률 하락으로 오히려 상가부동산 가치는 하락세를 면치 못할 것으로 보인다.

전국 중대형 상가 연간 투자 수익률 추이

2015	2016	2017	2018	2019
6.24%	6.34%	6.71%	6.91%	6.29%

(자료 : 한국감정원)

최근에는 주택에 대한 강한 규제로 인해 유동자금이 주식과 함께 (코로나가 완화될 것이라는 전제조건) 상업시설로 투자가 유입될 수 있을 것이라는 긍정적인 전망도 있다. 단, 코로나가 어느 정도 완화된다는 전제조건 하에서 전망하는 것이기 때문에 낙관하기에는 이르다고 본다.

하락장에서도 반드시 투자하고 싶다면 어떻게 해야 할까?

필자는 하락장에서도 상가투자를 하고 싶다면 **500세대 이상의 오피스텔 1층 신축상가를 권하고 싶다.** 단순히 500세대의 오피스텔에 '**묻지마 투자**'를 하라는 것은 아니다. 오피스텔 준공 시 최초로 입점하는 업종 패턴 및 입점 업종에 대한 분석이 반드시 선행되어야 한다.

오피스텔이 준공되고 최초로 입점하는 업종의 순서를 보면, 대부분 부동산 → 편의점 → 세탁, 빨래방 → 김밥집(요식업) 순으로 입점한다.

상기 업종들이 입점 후에는 나머지 상가들은 장기적으로 공실이 되는 경우가 부지기수다. 오피스텔은 안정적인 배후고객을 확보한 상가라 할지라도 **부동산, 편의점 이외 업종이 입점하는 데 오랜 시간이 걸릴 뿐만**

아니라 장기적으로 공실로 남아 있는 경우도 많이 있다.

왜 신축오피스텔에는 부동산, 편의점, 빨래방, 김밥집 등이 먼저 입점할까?

부동산은 오피스텔 세대 수 대비 예상수익이 어느 정도 판단이 서는 업종이기 때문이다. 좋은 위치 선점을 통하여 초기 입주자들로부터 거래를 통한 중개 수수료 수익이 바로 발생될 수 있기 때문에 우선적으로 부동산이 오픈을 하게 된다. 편의점은 담배를 판매할 수 있는 담배소매인 취득이 필수이다. 오피스텔 1층에 편의점이 오픈하게 되면 담배소매인 거리 제한으로 인해 편의점 추가 오픈이 어렵다. 그렇기 때문에 여러 편의점 브랜드들이 준공 동시에 우후죽순으로 가매장을 꾸며 담배소매인을 취득하려고 하는 것이다.

빨래방이나 김밥집 역시 1인가구 중심인 500세대 이상의 오피스텔에 입점할 경우 어느 정도의 수익을 예상할 수 있어 발빠르게 먼저 입점하려고 하는 것이다.

예를 들면, **편의점**은 지역별 차이는 있지만 통상적으로 오피스텔은 세대수당 4,500원~5,500원 정도의 객단가로 예측을 한다. 500세대라고 가정하면 편의점은 일매출 200만원 정도 예상하며 본인 인건비 300만원으로 가정 시에는 임차료 400만원 수준까지 감당할 수 있는 수준이 된다.

단, 오피스텔의 세대수가 많다고 해서 무조건적으로 투자하기 전에, 주변의 상권도 반드시 체크하는 것을 권하고 싶다.

최근 상가를 판단하는 요소로 예전처럼 유동인구가 크게 중요하지 않다고 말하는 이들도 있지만, 임차할 공간을 구하는 임차인 입장에서 볼 때 유동인구가 많지 않다면, 그만큼 매력도가 떨어질 수 있기 때문에 유동인구가 꾸준히 있는 곳을 선택하면 좋다.

그리고 측면, 건너편 등의 건물용도가 어떠한 것인지도 따져 볼 필요가 있다. 김밥집을 하려고 하는데 측면건물이 오피스 건물이면 점심 시간대에 매출기여도가 크겠지만, 비즈니스호텔일 경우에는 그 반대일 것이다.

마지막으로 주변 건물로부터 해당 상가가 접근성이 좋은지도 따져 봐야 한다. 예를 들어 아래 사진과 같이 큰 대로변임에도 상가 앞에 횡단보도가 없고, 측면에 횡단보도가 있을 경우 건너편 건물 상주인구가 건너오려면 세 번의 횡단보도를 건너야 한다. 그렇게 되면 10분 가까운 시간을 허비하기 때문에 반대편에서 넘어갈 확률이 그만큼 떨어진다. 상가 접근성 역시 매출에 큰 영향을 미칠 수 있는 요소이므로 꼭 체크해 볼 것을 권한다.

이 밖에 상가입점 시 챙겨야 할 부분이 바로 독점조항이다.

[독점조항 법적지위 인정판례]

건축주가 상가를 건축하여 각 점포별로 업종을 정하여 분양한 후에 점포에 관한
수분양자의 지위를 양수한 자 또는 그 점포를 임차한 자는 **특별한 사정이 없는 한 상가
의 점포 입점자들에 대한 관계에서 상호 묵시적으로 분양계약에서 약정한 업종 제한
등의 의무를 수인하기로 동의하였다고 봄이 상당하므로, 상호간의 업종 제한에 관한
약정을 준수할 의무가 있다고 보아야 하고, 따라서 점포 수분양자의 지위를 양수한
자, 임차인 등이 분양계약 등에 정하여진 업종 제한 약정을 위반할 경우, 이로 인하여
영업상의 이익을 침해당할 처지에 있는 자는 침해배제를 위하여 동종업종의 영업금지
를 청구할 권리가 있는 것이다.

출처 : 대법원 2009. 12. 24. 선고 2009다61179 판결 [손해배상(기)] > 종합법률정보 판례)

'독점권 조항'은 법적으로 어느 정도 지위를 인정해 주는 분위기다. 하지만 신축상가 분양 시 **'독점조항'** 사항 즉, 독점권 지위보장에 관한 분양계약서 특약사항을 작성할 때에는 '10X호 부동산 독점적 영업권 지위를 보장하며 1층만이 아닌 건물 전체에 대한 **부동산** 업종의 지위를 보장해 주는 것이다.'라고 명시하면 독점권에 대한 안전장치를 마련할 수 있을 것이다.

다만, 독점권 지위를 인정해 준 시행사가 부도가 나는 등 추후에 문제의 소지가 있을 수도 있다. 그래서 한 번 더 챙겨야 할 부분이 관리규약이다. 건물 준공 후, 일정 시간이 지나면 관리규약을 정하게 되는데, 규약을 정할 때, 독점에 대한 부분이 기재가 되야 안전판 역할을 할 수 있다.

동아일보 기사: [이남수의 부자 부동산] 재건축 투자, 상가 많은 단지 피해야

중앙일보 기사: [더 오래] 자금출처 증빙 안 내면 과태료? 집 사는 일 번거롭네

중앙일보(중앙SUNDAY) 기사: 주택 면적>상가 면적, 주택만 1가구 1주택 양도세 비과세

한국경제 기사: "대기업이 알아서 임대인 유치에 운영까지⋯ SK D&D 마스터 리스 사업 주목"

서울경제 기사: 개포주공1단지 조합, 상가와 극적합의, 상한제 피하나

탑데일리 기사: 상가 '알박기' 해소 방안, 분양권 분배?

블로그: 둔촌주공 부동산 헤드라인 블로그

서울시립대학교 부동산학과 부동산시장분석론 강의자료

상가의 신(www.arcadegod.co.kr)

KT ESTATE 용도지역 관련 기사

한국감정원(www.kab.co.kr)

한국공인중개사협회(https://ssl.kar.or.kr)

통계청(https://kostat.go.kr)

네이버지도(map.naver.com)

토지이용규제정보시스템(http://www.eum.go.kr)

교육환경안전시스템(https://cuz.schoolkeepa.or.kr/)

대법원_나의사건검색(https://www.scourt.go.kr)

소상공인 상권정보시스템(https://sg.sbiz.or.kr)

서울특별시_우리마을가게(https://golmok.seoul.go.kr)

국세청홈택스(www.hometax.go.kr)

위택스(www.wetax.go.kr)

건축물대장열람(https://www.gov.kr)

상가
투자학개론

ⓒ 최재형 · 김민성, 2021

초판 1쇄 발행 2021년 8월 2일

지은이   최재형 · 김민성
펴낸이   이기봉
편집   좋은땅 편집팀
펴낸곳   도서출판 좋은땅
주소   서울 마포구 성지길 25 보광빌딩 2층
전화   02)374-8616~7
팩스   02)374-8614
이메일   gworldbook@naver.com
홈페이지 www.g-world.co.kr

ISBN   979-11-388-0081-5 (03320)